文字・文・ことばの近代化

菅野則子

同成社

はじめに

一九九〇年代以降、国語や文字・ことばに関する議論がとみに活発になってきた。そして、二十一世紀を迎えたいま、その波はさらに大きくなりつつある。書店には、数え切れないほどの関連の書物が並べられるようになった。これは、現在の社会的動向と密接に絡み合って展開してきているといってよいだろう。そうした状況をどのようにとらえたらよいのだろうか。

一つには、急速に進んでいる国際化との関わりが大きいことである。眼前の国際化の波をさらに推し進めていくためにはどうあらねばならないのか、国際的に通用させていくためには現在用いられている文字や日本語をどのように改良していったらよいのか、また、国際的に有用・多様な他国のことばをどのように摂取していったらよいのか、などのことが、二十世紀から二十一世紀にかけて一つのバーとして立ちはだかっているかのようにみえる。

日本の歴史を振り返ってみると、国文や文字・ことばに関する問題は、常に変革の時期と不可分に絡み合って、ブームを醸し出してきた。文字や文章に絞ってこれまでの経緯をみると、古代、日本に文字が流入して以来、現在にいたるまでには四つぐらいの画期があるようだ。第一の画期は、文字どおり中国から文字が導入された古代、二つめは幕末期から明治初年の時期、三つめが第二次大戦終了後の時期、そして、四つめが現在、すなわち二十世紀から二十一世紀を迎えたいまである。

文字やことばをめぐる第四の画期は、早くも一九九〇年代にはかなり表面化していた。たとえば、当時の新聞記事《〃見れる〃〃それでエ〃日本語のあり方で報告書》（朝日新聞　一九九三・六・九）をみよう。そこには次のようなことが記されていた。

「社会の変化に応じた日本語のあり方を検討していた第十九期国語審議会（坂本朝一会長）は、一九九三年六月八日、『現代の国語をめぐる諸問題について』と題する報告書をまとめ、森山文相に提出したと。

その報告は、言葉遣いや情報・国際化社会への対応など、今後検討すべき課題を洗い出している。たとえば、「見れる」のような「ら」抜きことばや、「それでエ」などの語尾のばし、「ご出発される」のような二重敬語などについての問題が指摘された。そしてさらに「放送などでの美しい言葉、方言の尊重、ワープロ文字の共通化、官庁での慎重な片仮名語使用」などについても一定の考え方が示された。このときの問題の洗い出しは、その後の動きに少なくない影響を与えていく。

十年後の記事をみよう。

《日本語はいま〃揺れています〃ＮＨＫ「気になることば」梅津正樹アナに聞く》（朝日新聞　二〇〇四・六・二五）（後述）で、「コンビニ敬語」「カタカナ語」などを事例に、ことばが揺れていると語る。

「ことばおじさん」こと梅津氏の発言を含めて、このような記事はいろいろな問題を投げかけているようだ。「ことばが乱れている」「若者ことばがわからない」といった便りが、日に何百通もNHKのアナウンス室に寄せられるという。以来、梅津氏はテレビに「ことばおじさん」として登場する場面が増え続けているようだ。それだけ、ことばに関する議論が後を絶たない状況にあるといってよいだろう。

このような第四期の動向に刺激されながら、第二・第三の画期に展開した事柄がどのように現在の問題と絡み合ってくるのだろうか、という関心をもっていささかの検討を試みてみたい。

私が、このような問題に取り組んだ理由はたくさんあるけれども、そのいくつかにふれておきたい。その一つは、学生の人たちが記述した文をみて考えさせられることがあったこと。その記述とは、理由（利由）・関心（感心）・講義（講議）・専門（専問）・分野（文野）（括弧内誤字）といったようなもの、さらには未だ（今だ）・改めて（新めて）・調べる（知らべる）といったものも少なからずみられた。時には、ウーンとうなるような「珍字」にもお目にかかることもあった。このような事態を前にして、文字・文・ことばについてしばし思いをめぐらせてみなくてはならないと思ったのがその一つである。

二つめは、朝、新聞を開くと、毎日のように文字や文に関する記事に出会うことに少なからず私の関心が呼び起こされたことである。

当初、「文字」に絞って検討していくつもりであった。書誌的にではなく、人びとの生活とかかわらせて。いざ検討をはじめてみると、文字というものは文体やことばと不可分に結びついているため、それだけを切り離して扱うことが難しくなり、結局、本書のようなタイトルと内容になってしまった。できる限り三つを区分しようと章立てをしてみたが、結果は相互に交差している。

それぞれの変遷をたどってみると、何かしら問題が起きると、それの見直しや検討がなされ、何らかの策が講じられる。その講じられた策に人びとは反応する。その内容にも看過できないような事柄が含まれていることが少なくなかった。問題発生・見直し・検討時の議論がどのようなものであったのか、議論の結果打ち出された策がどのようなもので、それが人びとにどのように受け止められたのか、そうした事柄に迫るには、諸状況をとらえ、ただちに反応してくれる新聞記事は有効であった。

目 次

はじめに 1

I 文 字

第一章 漢字をめぐる諸問題……12
（1）問題の所在 12
（2）国語審議会とそこでの取り組み 23
（3）漢字をめぐる隣国での動き 28

第二章 維新期における文字事情—日本の近代化に向けて—……34
（1）文字をめぐる諸説 34
（2）明治初年の旧福山藩にみる文字論 67
（3）文字をめぐる議論のその後 69

第三章　文字雑談……78
（1）漢字の歴史　78
（2）諸国への漢字の波及　82
（3）日本における文字の変遷　85
第四章　当用漢字・常用漢字……97
（1）漢字施策年表　98
（2）「当用漢字表」の実施とその影響　102
（3）ふりがなについて　107
（4）学校教育と「常用漢字」　108

Ⅱ　文・文体

第一章　文体の変遷……112
（1）久米邦武の整理から　113
（2）言文一致をめぐって　116

第二章　仮名遣いと敬語……123
（1）仮名遣い変遷の概要　123
（2）敬　語　127
第三章　文字・ことばにみる男女差……134
（1）江戸時代の女性の学習　134
（2）「女訓書」にみる文字・ことば　136
（3）男ことば・女ことば　144
（4）「女らしさ」の武器　145
第四章　漢文体・文語体・和語……148
（1）漢文の沿革　148
（2）漢文の勧め　149
（3）文語文への回帰　151
（4）和語のよさ　153

Ⅲ　ことば

第一章　ことばをめぐる議論……156
（1）ことばは揺れる　156
（2）ことばの変化　162
第二章　世界の言語とその状況……165
（1）フランスでは　165
（2）ユネスコの調査から　167
（3）中国では　168
（4）言語の絶滅　170
第三章　外来語……174
（1）「外来語」の登場　175
（2）「外来語」の言い換え　175
（3）優れた表記の外来語　179

第四章　いろいろな用語……181
（1）いろいろな用語　181
（2）語にみる文字の配列が語るもの　189
（3）ことばを噛みしめよう　191
おわりに　195
参考文献　199
あとがき　203

Ⅰ 文字

第一章 漢字をめぐる諸問題

(1) 問題の所在

漢字に関する議論は活発だ。少々時が経ってしまったが、そうした漢字をめぐる諸問題について言及した新聞記事をみよう。

《難しい漢字なぜ増える 文化特捜隊》(朝日新聞 二〇〇九・四・一一)

ここにはアトランダムではあるが、身近に起こっている事柄が述べられている。記事に沿って要点をまとめておこう。

①人名では異体字(標準字体以外の漢字や仮名のこと、後述)が多くみられるようになった。崎—﨑、高—髙を事例にあげ、このような文字が使われるようになった理由として名前に対する人びとのアイデンティティが意識されるようになった。

②「新常用漢字表」（仮称）」（後日、二〇一〇・一〇・六に「改定常用漢字表」追加一九六字が文部科学相に答申された）の試案には「鬱」「聘」など一九一が追加の文字候補となっている。

③漢字を読めない首相を引き合いに出し、読めないことは恥ずかしいし、自尊心が傷つけられるということからだろうか、漢字本の売れ行きがめざましく、四十歳代以上に強い人気がみられる。

④難しい漢字の方が品格がある、歴史の重みが感じられる、と一般に観念されているようだ。たとえば、二〇〇九年、横浜開港一五〇周年にあたり、記念事業のロゴマークを「横濱」と記しているという。また、多くの学校では、一般には「大学」と記しているが、形式張ったときには「大學」と記すことも少なくない。

⑤文字数の規制に関わる流れについて。一九四六年制定の「当用漢字表」（九七頁参照）では一八五〇字であり、これをもって法令や一般社会で用いる漢字を制限していた。しかし、この制限は時代が下るにつれて緩められていく。一九八一年の「常用漢字表」（九七頁参照）は、以前の「当用漢字表」に九五字を加え一九四五字に増え、この表の位置づけも国語を書きあらわすうえでの漢字使用の「目安」に変わった。さらに、それと並行して「当用漢字」や「常用漢字」のほかに、子どもの名付けに使える「人名漢字」（一七頁参照）も拡大、二〇〇四年には六九三字が追加され、さらに増えていまや九八三字となった。

⑥戦後は漢字廃止論も浮上した。

⑦漢字政策の歴史は「言語の民主化」と「個人の自由」との対立が伴う。
⑧漢字制限は、民主化や平等の実現に不可欠である。
大雑把にまとめると以上のようなことであり、最近の漢字をめぐる多様な事情が盛り込まれている。とくに最後の⑥⑦⑧の三点は、常日頃から私ももっとじっくりと考えなければならないと思っている事柄である。しかしここでは、このような問題を指摘するだけで、具体的にどのような策を講じたらよいのかについての言及はない。ともあれ、ここに出された問題を意識しながら、しばらく新聞記事に依拠しつつ、文字をめぐる諸問題をみていこう。

「一年の世相」を漢字であらわすと？

ここ数年来、年末になると「今年の世相をあらわす漢字には何が採用されるかしら」と気になるのは、私だけだろうか。二〇〇八年末の記事をみよう。《「今年の漢字」どう決めたんじゃ？（ニュースがわからん）》（朝日新聞　二〇〇八・一二・二六）である（下表）。どのように「今年の漢字」が決められるのだろうか。二〇〇八

95年	「震」	阪神・淡路大震災やオウム真理教事件
96	「食」	O157食中毒事件
97	「倒」	山一証券など金融機関の相次ぐ破綻《はたん》
98	「毒」	和歌山でカレー毒物混入事件
99	「末」	茨城県東海村の臨界事故や警察不祥事
00	「金」	シドニー五輪で日本選手に金メダル続出
01	「戦」	米同時多発テロで対テロ戦争始まる
02	「帰」	北朝鮮に拉致された5人が24年ぶり帰国
03	「虎」	阪神タイガースが18年ぶりリーグ優勝
04	「災」	新潟県中越地震やスマトラ島沖地震
05	「愛」	紀宮さまご結婚や「愛・地球博」開催
06	「命」	悠仁さまが誕生。一方いじめ自殺が多発
07	「偽」	食の偽装事件や年金記録の消失問題

The Asahi Shimbun

清水寺で披露された「今年の漢字」
（朝日新聞2008.12.26）

年の場合は次のようであった。この年、十一月一日から十二月五日まで、全国に三四八カ所に応募箱をおき、インターネットやはがき、学校や塾からの集団応募も受け付けた。応募数は、過去最高の一一万一二〇八件であったという。一位の「変」は六〇三二票であった。したがって、二〇〇八年の世相は「変」という字で締めくくられた。以下、十位まで順示すると、金・落・食・乱・高・株・不・毒・薬である。

このような行事は、一九九五年、漢字検定協会が漢字の奥深さを知ってもらおうとはじめたものだという。「そうだったのか」と、年々定着してきていた行事の背景にこのようなねらいがあったことを知った。ところが、それを知ったのも束の間、驚くべき事件が発覚したのである。

漢字ブームの中で

《空前の漢字ブームに水をさすような出来事が起きた》（朝日新聞　二〇〇九・二・一一）ではじまる記事が目にとまった。いわゆる世間をさわがせた漢字検定一件である。

記事の内容は、「公益法人」である財団法人「日本漢字能力検定協会」（京都市）が、監督官庁である文部科学省の立ち入り検査を受けたことを報じたものであった。「公益法人」とは、積極的に不特定多数の者の利益の実現を目的とすると規定されているのに、この協会の場合、その優遇措置に不適な行為がみられるという。そもそも「日本漢字能力検定協会」は脱サラした理事長が設立したもので、当初は受験者が数百人の団体であったが、旧文部省の認定を受けた一九九二年頃から急成長を遂げ、いまや「英検」を上まわる二七〇万人が受験するとされる漢字検定の主催者として知られるようになった。そして、このところ、年の瀬に京都清水寺で「今年の漢字」を披露している団体である。毎年、心待ちにしていた一年の世相を表す文字表現の背後にこのような事柄が加わった。

この一件に関する法的な事柄についての議論は別に譲るとして、私がこの記事に関わって問題としたいのは、漢字が二十世紀から二十一世紀にかけていろいろな問題を含みながら大きな変化を遂げているということである。歴史的に文字をめぐるブームをみると、現在は第四の画期に直面している。「はじめに」でも述べたが、第一は古代、文字が中国から導入されたとき、第二のそれは、幕末維新期において日本が近代化を遂げていくという状況と密接に結びついて問題化されたときである。第三は、第二次世界大戦後の政治社会が大きく転換したことによる変化、そして第四は、いま二十世紀から二十一世紀へ移行していくこの時期である。

いま、なぜこのようなブーム、とくに漢字ブームが浮上してきたのだろうか。それはまさしくパソコンの普及によっている。このような普及をみる以前は、漢字が問題とされるときには、その数に制限を加える方向が主流であった。しかし、いまや状況は一変した。「文字」は、「漢字」は、「読める」ないしは「打てる」ことができればよいのであり、「書く」という行為がしだいに後景に追いやられて行きつつある。

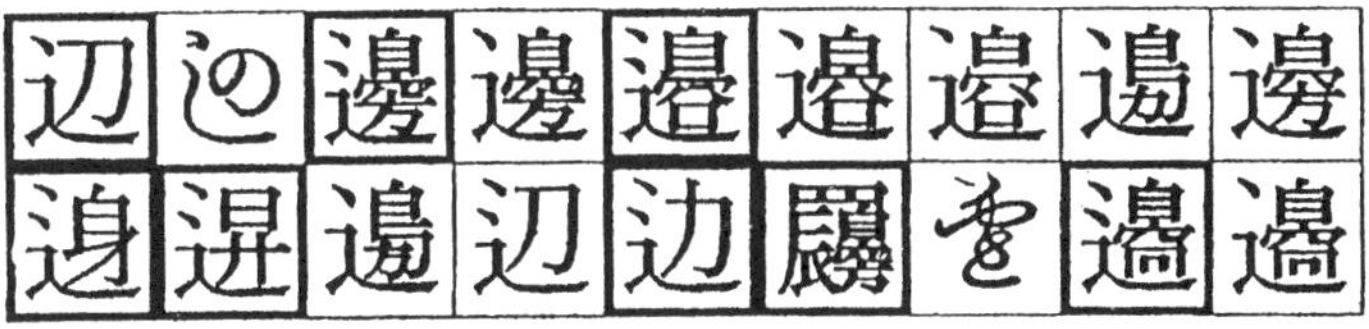

新聞に載った異体字―「渡ナベ」18種―(朝日新聞 2004.9.5)

異体字

《漢字の歴史と豊かさ象徴》（朝日新聞　二〇〇四・九・五　ことばの交差点）には、異体字に関する事柄が記されている。記事は「漢字には字体が違うのに音も意味も同じ字があります。常用漢字、人名用漢字などの標準字体に対し、これらを異体字と呼んでいます」といい、「涌井」―「湧井」、「光圀」―「光国」、「埜」―「野」、「乕」―「虎」、（前者が異体字）などを事例に挙げている。

異体字が問題となるのは固有名詞であることが多い。「誰もがわかりやすく使いやすい共通の記号」として、漢字はなるべく標準字体に統一したいところだが、人格権への配慮もあって統一しがたいという。しかし、この記事は「字体の多彩さはそのまま漢字の世界の歴史と豊かさを表している気がします」と結ぶ。

人名漢字をめぐる議論

また、異体字をめぐる議論と軌を一にして人名漢字に関する議論も盛んである。《漢字文化翻弄　人名五七八字行政狼狽》（朝日新聞　二〇〇四・七・二〇）という記事がみられた。ここには、法相の諮問機関・法制審議会の人名用漢字部会がまとめた五七八字の人名用漢字追加案に対し、市民から一二〇〇件を超える意見が寄せられたということを伝えたものである。そこでは、「漢字」意識の変化と、それに追いつかない行政側の当惑ぶりが語られている。

　人名用漢字の見直しの発端は、二〇〇二年十二月九日に放映された「ジカダンパン」という番組に、子どもの出生届が、人名用漢字にない字だからといって受付を拒否されたという親たちが出演したことにある。以来、見直し作業開始、二〇〇四年二月、野沢法相は法制審に見直しを諮問、しかし、追加数をどこで区切るかに苦労したという。

　いずれにせよ、音や画数、「感覚」を優先するなどのことも加わり、問題をより複雑にしているようだ。そして文字決定に関して、人名の場合には法務省、常用漢字などを検討するのは文部科学省など、

生まれ年別名前調査の上位5位（明治安田生命のホームページから）

	<男>	<女>
【1980年】	①大輔	①絵美子
	②誠	②裕子
	③直樹	③久美子
	④哲也	④恵
	⑤剛	⑤智子
【1990年】	①翔太	①愛
	②拓也	①彩
	③健太	③愛美
	④大樹	④千尋
	⑤亮	⑤麻衣
【2000年】	①翔	①さくら
	②翔太	①優花
	③大輝	③美咲
	④優斗	③菜月
	④拓海	⑤七海
		⑤葵
【2003年】	①大輝	①陽菜
	②翔	②七海
	③大翔	③さくら
	③翔太	④凜
	⑤匠	⑤美咲
		⑤葵

※「翔」は81年、「葵」は76年、「凜」は90年にそれぞれ人名用漢字に追加された

キーワード **人名用漢字**　子の名には「常用平易な文字」を用いることが戸籍法で決められており、漢字で使えるのは常用漢字1945字と法務省令で定める人名用漢字290字（当初追加案にあり、12日に先行追加された瀧、毘、駕の3字を含む）。「当分の間」認められる旧字体もある。48年、当用漢字（常用漢字の前身）1850字に制限されたが、智・彦・也などが使えず問題になった。51年、当用漢字以外の92字も使えるようになり、その後7回追加された。

人名用漢字と人気の名前の変遷
（朝日新聞 2004.7.20）

縦割りとなっていることが問題をみえにくくしているように思われる。

《新・人名用漢字　携帯・PCで出ない字も》（朝日新聞　二〇〇四・九・二七）をみよう。戸籍法施行規則の改正が二〇〇四年九月二十七日付官報で公示され、四八八字の人名用漢字が使えるようになった。一九四八年の戸籍法施行以来、最大の追加で、名前に使える漢字は常用漢字も含めて二九二八字に拡がった。また、今回は「槇」や「遙」が加わり、前からある「槙」や「遥」と並ぶなど、「一字種一字体」の原則が崩れた。法務省は、常用漢字や人名用漢字の一部の旧字体を「当分のあいだ名前に使える」と認めていたが、今回の改正で、これら旧字体は「ずっと」使えるようになった。これまではカッコ付きであった「許容字体」（二〇五字）が格上げされることになった。しかし、常用漢字と「許容字体」とを並べてみると、その差はごくわずかなものであり、一部事例を示したが、書き分けや区別はたいへん難しい。

新・人名用漢字を使いこなせますか？
1. どこが違うか分かりますか？
※いずれも右側が旧・許容字体です
海 海　漢 漢　器 器　響 響
黄 黃　渉 涉　徴 徵　都 都
卑 卑　勉 勉　翻 飜　類 類
郎 郎　渚 渚　祐 祐　穣 穰
2. あなたは読めますか？
檎　禱　繡　簒　纏　蠟
答え（左から）
リンゴのゴ、キトウのトウ、シシュウのシュウ、ヘンサンのサン、マトう、ロウソクのロウ

難解な新・人名用漢字（朝日新聞 2004.9.27）

IT化と文字

さきにふれたが、ITの導入そして急速な展開はそれまでの文字事情、とりわけ漢字事情を大きく変化させた。

《対談　IT時代の漢字　阿辻哲次―京都大学大学院教授・野村雅昭―早稲田大文学学術院教授》（朝日新聞　二〇〇七・一・一九）をみよう。この記事の導入部分は「朝日新聞は今月、『鴎』を『鷗』にするなど、表外漢字を伝統的な『康熙字典体』に変えた。IT時代、漢字とどう付き合えばいいのか」と記す。そして、《学生の能力、着実に衰退　手書き・機械すみ分けを》《地名・人名も線引き必要　無視できない「耳の言葉」》という二つのサブタイトルがつけられている。その対談の要点を以下に記そう。

①かつてことばの交差点は、漢字制限論がさかんであった。国語審議会（現文化審議会）（後述）も、そのことでもめていた。いままで全体に漢字を簡略化する方向に進んできたが、この時期にいたり旧字体の復活が俎上に上る。その転換は、いうまでもなくコンピューターの影響である。

②教育漢字（後述）と常用漢字には手書きの規範があるのに対し、表外漢字（「常用漢字表」にない漢字）にはない。なぜなら、これらの文字は手書きを要求しない領域であるから。

③ワープロの導入・普及により、漢字の統一規格が必要となった。一九七八年に日本工業規格（JIS）の漢字コード「78JIS」が生まれた（当時は第一水準が二九六五字、第二水準が三三八四字）。その後、常用漢字表制定や人名用漢字の追加で、JISも改正が必要になった。文字の表現

は「24×24」ドットという世界だったから表現できない文字もある。そこで、常用漢字の字体を一部の表外漢字にも適用した。

④地名・人名などの固有名詞に議論が及ぶと、規範としての字種の絞り込みは困難である。とくに姓

表外漢字字体表

国語審議会が二〇〇〇年、常用漢字表にない漢字（表外漢字）のうち、一〇二二字の印刷字体を示し、答申した。中国・清代の字書「康熙字典」に基づく字体が標準。朝日新聞は五〇年代から表外漢字もヘンやツクリを簡略化した字体を使ってきたが、今月十五日から答申に準拠し、字体を変更した（朝日新聞　二〇〇七・一・一九）。

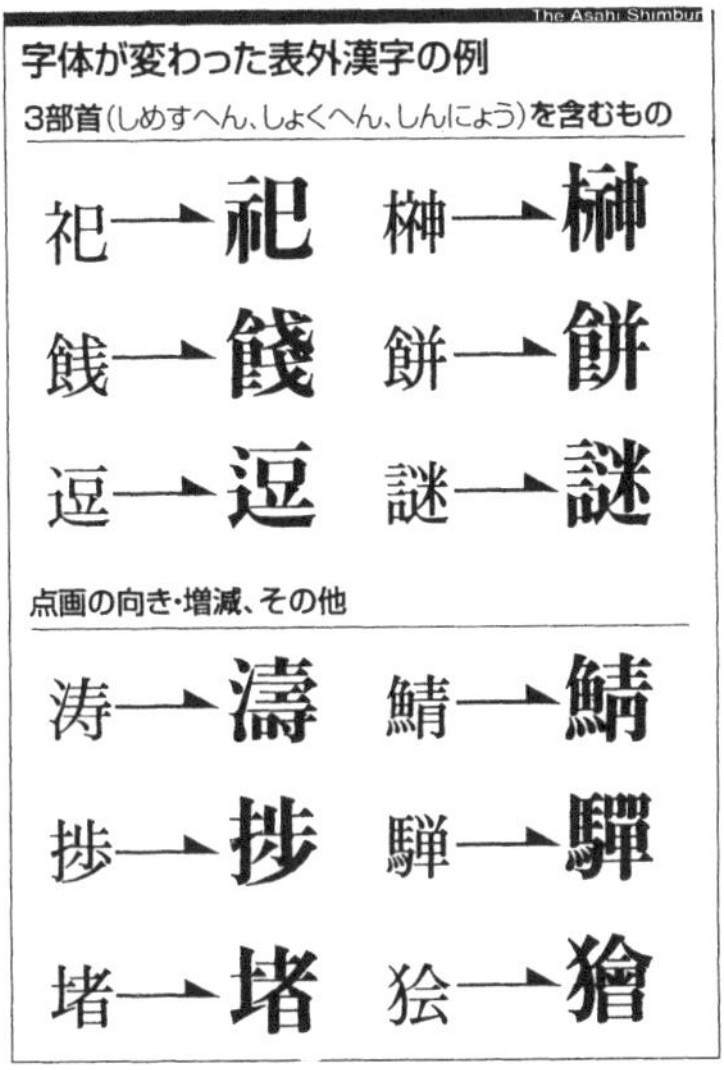

◆漢字字体をめぐる動き

1946年　当用漢字表（1850字）
49年　当用漢字字体表
56年　朝日字体まとまる
78年　ＪＩＳ漢字制定、ワープロ登場
80年　朝日新聞東京本社が鉛活字からコンピューター編集に
81年　常用漢字表（1945字）
83年　ＪＩＳ漢字改正（簡略字体を大幅に採用）
93年　国語審議会報告が「ワープロなどの漢字字体の混乱」指摘
95年　ウィンドウズ95発売、パソコン、インターネット普及
2000年　国語審が表外漢字字体表答申
04年　答申を受けてＪＩＳ漢字改正

に使う文字は、アイデンティティとの関わりもあり制限することに難航する。異体字を整理するとよいのだがそうもいかない。中国では固有名詞の異体字をどんどん整理しているが、日本では戸籍や住民台帳用のデータベースに五万字以上あるのが実情である。

⑤漢字はまだ制限できるが、語彙は制限できない。「耳の言葉」と文字の共通性、そのバランスの問題が大きい。漢字と語彙の関係を、将来の日本語の問題と認識することが大切である。

といったようなことが語られている。示された問題について、もう少し関連事項をみていこう。

情報機器と漢字

東芝が日本語ワードプロセッサーを発売したのが一九七八年、同年にＪＩＳ漢字第一水準が制定された。それまで、コンピューターで扱えるのは、ローマ字、数字など約一六〇字であった。このＪＩＳ漢字第一水準で二九六五字が扱えるようになった。以来、一九八三年に第二水準三三八八字を追加、以後、一九九〇年・一九九七年と改訂作業は継続している。

日本工業規格の英語ＪＩＳ（Japan Industrial Standard）、そのことばが示すように、規格のほとんどは現在の経済産業省（当時の通商産業省）が主管官庁である。したがって、ＪＩＳ漢字作成に際しては、国語審議会のもとにはなかった。そのためにいろいろな問題が生じてくる。国語審議会で定めた「常用漢字字体表」で行われた簡略化を、表外の漢字にまで及ぼしていったことが複雑な問題を引き起こした。

たとえば、「森鷗外」がその代表的なもの。「鷗」を「鴎」としたものがある。これは「區」を「区」と簡略化したことに倣って、本来の「區＋鳥」を「區」と「鳥」に分け、簡略化した「区」と「鳥」とを合体して、まったく別の文字をつくってしまったのである。

しかし、このようなかたちでの手入れはどんどん進んでしまっている。現に、「森鷗外」を調べると、グーグルでは「森鴎外」が五七万五千件出てくるが、「森鷗外」は二万七一〇〇件。ヤフーでは「鴎外」が三九万一千件、「鷗外」はわずか七六二〇件だったという。

文化庁国語審議会の手の届かないところで予想外の事態が進行している。

（2）国語審議会とそこでの取り組み

文字やことばに関して常に重要な鍵を握っているのが国語審議会（後に文化審議会）といわれるものである。国語審議会とは、一九三四年に官制が公布された文部大臣の諮問機関である（官制による国語審議会）。また、一九四九年からは、文部省設置法で設置が定められ、国語審議会令で規定された組織で（政令による国語審議会）、二〇〇一年一月に廃止されるまで存続した。それ以後は、新たに設置された文化審議会の国語分科会として文部科学大臣の諮問機関となっている（安田『国語審議会』）。

以下、いくつかの新聞記事に国語審議会の動きをみてみよう。

《漢字の変容　「懐かしい道連れ」とともに》（朝日新聞　二〇〇九・二・二三）

この記事は、約半世紀ぶりに常用漢字の見直しが大詰めを迎えたことを伝え、そこで漢字をはじめとする多様な文字とその変遷をたどりつつ漢字の現状を語る。すなわち、古代文字として知られるバビロニアのくさび形文字やエジプトの象形文字が廃れてしまったのに対して、漢字は生き残っていると。そして、現在のようにパソコン操作が活発になることによって漢字とローマ字との関係がクローズアップされるようになった。かつて明治期においては、漢字廃止論やローマ字採用論などが活発に行われた。もっともその時点では、漢字とローマ字とは並列的にとらえられ、「これかあれか」といった議論に終始していたという。

漢字をめぐる歴史的な流れについては、漢字・ローマ字・かな文字などの絡み合いを視野に入れて、もう少し踏み込んだ議論が必要であろう。この点については第二章でふれていく。

《新常用漢字表をよむ》（朝日新聞　二〇〇九・四・七　林史典）

この記事は、二〇〇五年五月から国語審議会での検討が開始され、その結果、「新常用漢字表（仮称）」の試案がまとまったということで発表されたものである。一九八一年に示された「常用漢字表」から四半世紀、このあいだに文字をめぐって大きな変化がみられたこと、また、そこから生じてきた多くの問題点を指摘する。少々長くなるが、本稿に記されている事柄を記事に沿って抄出しよう。

①審議開始から四年が経過したが、審議開始期には予想もできなかった事態が現出したという。それは、

・急速な情報機器の発達により、書けない漢字、知らない漢字までパソコンなどの画面上から選んで使えるようになったこと。

・一般に使用される漢字の字種が増加傾向にあること。

②書かなくても文字が使えるようになった。一方、文字を書く行為・機会がすっかり減少した。また、かつては「字形」から書く人の個性にふれることができたが、それも失われつつあり、「文字は書くもの」という常識は崩れた。

③情報量の増加は、確実に読み手の負担を増やしている。まさに情報機器の発達は、文字の歴史の中で印刷技術・活字の発明を超える大きな変革であること。

④漢字使用の指針となる「国語施策としての漢字表」が、これまで以上に求められている。

⑤国民の多くが読む文書、読む必要のある文書はわかりやすくなければならない。したがって、そのような文書に用いられるのに必要な漢字使用の目安である「常用漢字表」の考え方は、今回の「新常用漢字表」作成にも受け継がれている。

⑥出現頻度数をもとに熟語の構成力や読み取りやすさなどから、これまでの「常用漢字表」の見直し

を行った。その結果、一九一字の追加字候補およびその音訓と五字の削減字候補が選ばれた。

⑦日本語ほど難解な書き方をする言語はほかにない。難解さは漢字の用法にある。しかし、日本人は漢字の表現力を愛し大切にしてきた。たとえば「ことばに表す・姿を現す・書物を著す」などにみるように、同訓字の使い方によくあらわれている。さらに、質問に答える・期待に応える、香水の匂い・生ゴミの臭い、などもしかりである。

⑧このような表現の豊かさと使い方の複雑さ・あいまいさとは表裏の関係にある。

⑨漢字は字体にも難しい問題がある。今回の追加字候補「遜」「遡」「謎」のしんにゅうが議論の焦点となった。

・「常用漢字表」内の漢字は一点しんにゅうで統一されている。それに対して新たに加えようとしている三字については、新聞・雑誌・書籍・情報機器などでみると一点と二点のものが混在している。しかも、二点のものの頻度が高い。

・「表外漢字字体表」（二〇〇〇年の国語審議会答申）に掲げるものは二点が圧倒的である

・JIS漢字も人名用漢字もこの表に合わせてきている

したがって、表内統一という点からすれば、一点に統一するのが好ましいが、目下、安定している印刷文字字体を混乱させることはさけたい。

といった内容のことが記されていた。これは後日、きちんとした答申を出すにあたっての中間報告である。この記事は多くの反響を呼んだ。

この記事への反響をみる前に、その後に変化した文化審議会の状況を補足しておこう。

（補足1）ここでの報告は、さらに検討が加えられ、二〇一〇年五月二十日に発表、六月の答申予定を経て年末にも告示される

（補足2）二〇一〇年六月七日、文化審議会から文部科学相へ「改訂常用漢字表」が答申された。内閣が年末までに告示する予定。

（補足3）文化庁が二〜三月に行った「国語に関する世論調査」（全国十六歳以上、四一〇八人）によると、①「改定常用漢字表」の存在を知らない人：四〇・六パーセント、②文化審議会が二〇〇五年から取り組んでいる見直し作業を知らない人：五九・三パーセント

以上を補足したうえで、右の二〇〇九年四月に出された「試案」に対する反響をみよう。

《審議の拙速　危ぶむ声　追加字種・字体の問題なお課題（新常用漢字表をよむ）》（朝日新聞　二〇〇九・五・一八）

この記事は、このたび発表された「新常用漢字表（仮称）」に関する試案に寄せられたパブリックコメントの概要について述べたものである。そのコメントは約二三〇件に上るものであり、かつて敬語の五分類が話題になった「敬語の指針（報告案）」（二〇〇六年）（一一七頁参照）のときの四四件を大き

く上まわるという。多岐にわたる意見の中で、関心が集中したのは字体についてで、右の記事の⑨でも問題とされていたのであるが、追加文字が二点しんにゅうとなると、「表内の字体に二重の基準がある」ことになりおかしいというものであった。

また、試案では、一九四五字の常用漢字表に一九一字（「挨」「鬱」など）を加え、五字（「勺」「匁」など）をはずし、新常用漢字表は二一三一字となることになるが、追加字について、さらに三〇二字の希望があったこと、削除候補については、真珠の計量単位として国際的に使われる「匁」を残してほしいといった意見があったという。文化庁国語課は秋の修正案公表まで四回の委員会、二〇一〇年二月の答申、秋の内閣告示に向けて厳しいスケジュールが続くと記している。

（3）漢字をめぐる隣国での動き

韓国の動向

《漢字復権韓国沸く》（朝日新聞　二〇〇九・二・一九）という記事によれば、朝鮮半島固有の表音文字ハングルを用いる韓国では、漢字が片隅に追いやられていたが、漢字文化圏の中国や日本との交流が拡大する中で「漢字力」が再認識されはじめ、二〇〇八年十月頃から学校教育の中で漢字教育が復活しはじめたという。

さらに、この新聞記事は以下のように記す。そもそもハングルは「偉大なる文字」という意味で、朝鮮王朝時代の十五世紀半ばに世宗王のもとでつくられ、「訓民正音」として公布された。それまでの表記は漢字だったが、「一般の人がわかりやすい文字を」という名目で考案された。母音一〇、子音一四の組み合わせで表記する。以来、漢字とハングルは長く併用されていたが、一九四八年にハングル専用法が設けられ、「当分のあいだは漢字を併用できる」とのただし書き付きで公文書をハングルで書くことを義務づけた。これが、ハングル化政策のルーツであり、その背景に日本による植民地政策から独立した民族意識の高まりがあったと指摘されている。

韓国においては、現在、駅などでは漢字表記も付されているが、出版物やテレビはほぼハングル一色である。漢字を知らなくても生活には困らないようだが、漢字の用語が大半の専門書や過去の文献などを読むことができず、学習や研究に支障を来しているという。このような懸念に対して漢字教育の復活が俎上に上ってきたのだと。

もう少し続けよう。そもそも韓国語の七割以上が漢字に由来するという。たとえば「カムサハムニダ（ありがとう）」は「感謝ハムニダ」といった具合である。表音文字のハングルでは「伝記」も「電気」も「転機」も読みは同じ「チョンギ」であり、その区別がわかりにくい。しかし、元の漢字がわかれば容易に理解できるものである。

ハングル化政策の進展によって漢字の読み書きを十分できない「ハングル世代」増加の中で、漢字学習の復権を訴える団体と反対する人たちとのあいだに論争も起きているという。全国漢字教育推進総連合会の理事長は「漢字学習は韓国語や伝統文化に理解を深めることと同じだ。漢字がわからなければ古典なども読めない。韓国だけが漢字文化圏で孤立しかねない」と指摘する。それに対してハングル学会は「ハングルは世界最高の科学的文字だ」としたうえで、「漢字は特権層の反民主的な文字。ハングルのみで書かれた本に不便を感じる国民はいない」という声明を出して反論したという。こうした状況下で、韓国政府は「慎重に検討していく」と静観しているという。

ベトナムの動向

《漢字を学ぶ村　伝統と郷土の歴史継承》（朝日新聞　二〇〇四・五・三〇）によれば、ハノイ近郊に漢字の学習に熱心な村があるという（ハノイ市ザラム県ニンヒエプ村）。それは、李朝期（一〇〇九〜一二二五）から東洋医学による製薬を伝統藝とし、歴代王朝の侍医も輩出してきた土地柄である。そこに住む一人の古老が、村の伝統と郷土史を後世に伝えようとはじめた漢字学習塾。そこには、老いも若きも希望者が殺到しているという。村人のみならず、遠方からも集い来る文学の教師や学生、尼僧もいるという。現在のベトナム語は、ラテン語を改良した文字で表記される。そのため、若い世代には漢字にはなじみがない。現在、ベトナムでは、歴史的に漢字文化の影響を強く受けながらも漢字離れが進んでいく動きの中で、漢字学習への取り組みが見直されている。

郵便はがき

料金受取人払郵便

麹町支店承認

7424

差出有効期限
平成24年10月
28日まで

1 0 2 - 8 7 9 0

1 0 4

東京都千代田区飯田橋4-4-8
東京中央ビル406

株式会社 **同成社**

読者カード係 行

ご購読ありがとうございます。このハガキをお送りくださった方には今後小社の出版案内を差し上げます。また、出版案内の送付を希望されない場合は右記□欄にチェックを入れてご返送ください。 □

お名前《ふりがな》　　歳　　男・女

〒　　TEL

ご住所

ご職業

お読みになっている新聞・雑誌名

〔新聞名〕　　〔雑誌名〕

お買上げ書店名

〔市町村〕　　〔書店名〕

愛読者カード

お買上の
タイトル

本書の出版を何でお知りになりましたか？

イ．書店で　　　ロ．新聞・雑誌の広告で（誌名　　　）
ハ．人に勧められて　　ニ．書評・紹介記事をみて（誌名　　　）
ホ．その他（　　　）

この本についてのご感想・ご意見をお書き下さい。

注文書　　年　月　日

書名	税込価格	冊数

★お支払いは代金引き替えの着払いでお願いいたします。また、注文書籍の合計金額（税込価格）が10,000円未満のときは荷造送料として380円をご負担いただき、10,000円を越える場合は無料です。

繁体字と簡体字

《繁体字　復権の兆し》（朝日新聞　二〇〇九・七・二九）なる記事は、「世界で五人に一人が使うという漢字には、中国で定着した〈簡体字〉と、台湾などで用いられる伝統的な〈繁体字〉がある。繁体字はいずれ簡体字に取って代わられると思われてきたが、パソコンの普及や中国の識字率向上で、その周辺が活気づいている」という状況の中で、①台湾、②中国、③周辺国の近況を伝えている（画数が多く難しい漢字を、部品や草書体、俗字を使って簡略化したものを「簡体字」といい、中華人民共和国の文字改革で制定された。また、簡略化前の画数の多い字を「繁体字」と呼ぶ）。

①では、《「読み物は繁体」提案》というサブタイトルがつけられている。繁体字を使用している台湾は、読み書きともに簡体字を用いている中国に対し、本や教科書など読む方は繁体字に戻してはどうかと提案している。台北市は「正体字」と呼ぶ運動を進めており、市政府は二〇〇三年「正体字使用推進実施規則」を制定。市の出版物、建物や地名で正確な「正体字」を使用することを定めている。一九四九年の新中国成立後、共産党政権は簡体字普及を進め、台湾に退いた国民党は繁体字を保ったが、いまやパソコンの普及で、繁体字を書く難しさや抵抗感が減ったという状況の変化があるので、漢字文化全体の保存に目を向けるべきだという意見にもとづいて、右のような提案をした。「漢字は人類共有の財産。繁・簡で争う必要はない。漢字文化をもつ国による共同研究機構をつくってじっくり議論し、進む道を定めていけばいい」と台湾大学の何懐碩はいう。

②では、《公然と簡体廃止論も》というサブタイトルがつく。中国の漢字改革は二十世紀に入って清朝崩壊後にはじまり、国民党政府が一九三五年に初の簡体字案を公布したが、一部閣僚の反対で実施されなかった。新中国成立後、毛沢東は漢字の廃止やローマ字化を視野に改革案を指示。一九六四年に約二〇〇〇字の簡体字が発表された。一九七七年には第二次簡体字草案が公になったが、簡略化のいきすぎを懸念する世論もあって導入が見送られた。一方、導入済みの簡体字は定着が進み、新中国成立時に二割だった識字率が九割を超えた。このような状況の中、簡体字廃止の声が表面化してきたのである。「人民文学出版社」を編集する王幹は「簡体字化は中国の古典文化を大きく傷つけた。われわれは歴史的な誤りを認め、次の段階に進むときだ」という。また、潘慶林は「十年かけて簡体字を廃止し、繁体字を復活させるべきだ」という。その理由に、(イ)パソコンの普及で難しい字も簡単に書くことができる、(ロ)簡体字は漢字の芸術性を喪失している、(ハ)繁体字を使う台湾の統一にも便利、をあげた。

反対意見もあるが、賛否は伯仲しているという。しかし、中国政府は、「現行の法律が認める文字は簡体字のみ」という立場で簡体字廃止論を相手にしてはいない。最近、中央テレビで「漢字五千年」という特集を組んだが、そのときのプロデューサーは「簡体字廃止論は漢字文化への関心が高まった証拠。繁体字の文化的意義を疑う余地はないが、簡体字から繁体字に戻す社会コストの問題も大きい」という。漢字をめぐり中国の世論もゆれている。

③では、《見栄えは繁　学ぶには簡》とサブタイトルはいう。香港、マカオ、ベトナム、シンガポー

ル、マレーシアなど東南アジアの華人社会では、学校などでは簡体字、広告や新聞の見出しなどでは繁体字という具合にとりどりであるという。「日本では繁体字を主体に独自の簡略字も併用している。一九四六年に米国の方針もあって漢字を制限する『当用漢字表』を定め、中国の簡体字とは違う独自の簡易字体を導入、後に中国の簡体字の参考にもなった」（これについては後述）、「韓国では『ハングル専用策』がとられ、漢字はほとんど使われていない。ただ韓国語は語彙の七割が漢字に由来するとされ、知識人の間では漢字文化へのこだわりが残る」、「北朝鮮やベトナムのように漢字を廃止した国もある」、「世界的に学習熱が高まる中国語教育では漢字自体が習得の壁となるため、覚えやすい簡体字が圧倒的に優勢」などと記している。

The Asahi Shimbun

同じ漢字でも字体が違うと……

簡体字（中国）	繁体字（台湾）	日本語
乐	樂	楽
应	應	応
发	發/髮	発/髪
图	圖	図
丰	豐	豊
专	專	専
单	單	単
书	書	書
无	無	無
义	義	義
机	機	機
飞	飛	飛
个	個	個
学	學	学
国	國	国

簡体字・繁体字と日本の簡略字（朝日新聞2009.7.29）

以上のように現在、アジアでは複雑な状況の中で漢字をめぐりいろいろな意見が飛び交っている。そうした中で、日本の「漢字使用」がたどった道筋には、それなりの歴史的意義と独自性がみられるようだ。その意味でも、少々時期をさかのぼらせて幕末明治初年時の文字をめぐる議論をなぞってみたい。

第二章　維新期における文字事情—日本近代化に向けて—

「はじめに」でも述べたように、幕末から明治維新にかけての時期は、文字の歴史的変遷からみると一つの大きな画期であった。その画期をもたらした歴史的背景には、現代にも通じる社会的現象があった。その社会現象については適宜ふれていくとして、まずは活発に展開していった文字をめぐる議論をなぞることからはじめよう。

(1) 文字をめぐる諸説

この時期、文字をめぐって活発な議論が展開した。漢字を廃止するように、否、漢字を廃止すべきではない、漢字を少なくしていけばよい、平仮名を用いることがよい、洋字（ローマ字）にすべきである、いっそのこと英語を導入してはどうか、否、新しい文字をつくればよいなどなどの意見が飛び交い、多くの人びとをこうした議論の中に巻き込んでいった。

漢字廃止派（国字・仮名文字派）の主張

○前島密の提言

前島密（一八三五〜一九一九）は越後高田藩士。明治二年（一八六九）以降、民部省・大蔵省などに出仕。明治三年、郵便制度調査のため渡欧。近代的郵便制度の創始者。「郵便」「切手」などの名称は前島の創案による。租税改正・度量衡改正・紙幣印刷・鉄道敷設・電話敷設・郵船会社発足・盲学校設立などさまざまな事業を推進する。さらに『郵便報知新聞』の発刊に尽力する。明治十四年政変で下野し、その後、東京専門学校（早稲田大学の前身）校長などを歴任。自伝に『鴻爪痕』がある。前島は和漢の学に通じ、外国語も早くから学んでおり、当時の人びとから「前島は、学問のある渋沢也」といわれていたという。

前島密は、慶応二年（一八六六）、「漢字御廃止之儀」を時の将軍徳川慶喜に提出、その中で次のように述べた。

学事を簡にし普通教育を施すは、国人の知識を開導し、精神を発達し、道理芸術百般に於ける初歩の門にして、国家富強を為すの礎地に御座候得ば、成るべく簡易に、成るべく広く且つ成るべく速に行届候様御世話有御座度事に奉存候と。ここでは、国家富強の基礎をつくるために国人の知識を開導し、精神を発達させること、そのためには広く普通教育が施されなければならない、ゆえに、学事を容易にすること、具体的にいうならば、漢字を廃止することであった。この考えを、さらに説得的に、かつ体系的にまとめ上げたのが、明治二年に出された「国文教育之儀ニ付建議」(『鴻爪痕』)であるが、「遠州中泉処士　前島密」名で綴られたこの建議は三つの部分からなっている。

第一では、維新政府誕生に伴い多くの制度改革が進められているが、それらを受け止め消化していくための素地がつくられていない。せっかくいろいろな改革がなされようとしても国民の「智度」が伴っていない。まずは「国民の智度開進」がはかられなくてはならないと述べる。

第二では、その「国民の智度開進」について述べられる。「国民の智度開進」とは、言い換えれば教育普及のことをさし、そのために次のような提案をした。すなわち、①漢字を廃して仮名字を国字とすること、②古来からの教育法を変え新教育法をつくり出すこと、③官私一般普及の用には漢字を廃止すること(大改革)、④漢字を使用することの欠点は「学童の神脳を苦しめる」「霊知の発達を妨げる」「体質の発育を妨げる」ものである。総じて、このように、国民の体格を弱劣にしてしまうような漢字の廃止を主張した。

第三には、「廃漢字、興国字」は、一見すると至難のようにみえる、たしかに千年来慣れ親しんできたものであるから、そう簡単に誰でもがこの考えに賛同するわけにもいかないかもしれない。しかし、将来のことを考え、国民教育の利害、国家興隆の本源を考えれば、漢字を廃止して「国字」（具体的には仮名）を使用することであり、このことは大方の賛同を得ることができるものであると述べる。

そして前島は、この建議に「国文教育施行の方法」および漢字廃止の「私見書」である別冊を添えて建言した。だが、この建言が具体的に誰に出されたのか、また、これを受けて、どのような反応があったのかは必ずしも明らかではない。しかし、彼が記した別冊などをつぶさに検討すると、やがて明治政府が近代国家の証として自負した学制に少なくない影響を与えているのを知ることができる。

そこで、その別冊を検討しよう。これは、前島が主張する漢字を廃し新しい教育法をどのような手順で実施していくのか、その実施方法を六つの時期に分け、順を追って述べるものである。

第一期（二年）：広く府藩県から、和学・漢学・西洋学者を三〜五名選び、国字をもってする国文の体を創定せしめる。国語国文の範典を選ばせる。別に一〇〜一五名の助手・若干の職員をおいて国字字引の編纂をする。

第二期（二年）：新教科書を編纂する。

第三期（一年）：文典教科書を学ばせて、新教育の第一教師を育成する

第四期（一年）：各地で授業すべき教員の選出と第二教師育成の準備をする

第五期（二年）：従来の学校または便宜の地へ教育所を設ける。士分・町村役人・寺僧・社人・医師など、そのほか文字を知らなくてはならないもの、町村の重立ちたるものに新教育を施す。ただし、

この教育を実施するに際しては、「厳令強迫」の手段を用いないこと。

第六期（年限なし）：第五期の末には、国民の重立ったものは「悉皆漢字に依らずして国文の教育を受ける場合と相成りたる」。そこで、次に必要なのは、「国民全体として遍く教育を受けしむるの制度を立つべし、即ち教育普及法是なり」であった。

このように一期から六期の順を追って準備を整える一方で、「皆教育」の制度を設けることを提言する。そして、この普通教育法は、周到にまた、設備も適度に行われるべきであること、なぜならば、国民には種々の階級があり、その階級に応じて教育の程度にも高低がつけられる必要があること、また国民の業務も種々であるから、その種類に応じてその学も異にしなくてはならないといったキメの細かな点にまで配慮している。

このようにまとめた前島は、さらに彼のいう新しい普通教育についての考えを披瀝する。まず、一〇〇戸ごとに英国のコモンスクールに相当する尋常学校を設け、幼年男女をここで教育する、一方、子弟あるものは、必ず子弟を入学させること、万一入学させないような場合には「科怠」とするとしている。すなわち、初等者への義務教育の提言である。

次に、英国のハイスクールすなわち高級学校を府藩県在庁に便宜上一ヵ所以上置くこと、ここに入学したものは「士民同等の待遇」とするとして、その奨励をはかる。そして、また、この程度をおえないと官の役人や町村の役人にはなれないとする。さらに、その上に英国のアカデミーまたはコーレッジにあたる専攻大学校を両京（京都・東京）に設け、ここには各種学科を置き、各人の志望に応じて専修の学を教えることとし、学校費は朝廷・府藩県・町村より支弁するとしている。

そして、尋常学校・高級学校の教員は、右にみた三期・四期の伝習生を当てるけれども、大学校の教師には、国学・漢学・倫理学・算数学のほかは、おおよそ一〇年を期して西洋の学者を招聘するほかはないだろうとも述べている。ともあれ「漢字廃止」の延長に、このような教育策を企図していた。

前島は、以上のようにその大枠と順序とを記したうえで、最後に本建言の妥当性を更めて主張した。

「誤」から「正」へ

漢字に限らないが、誤ったものが、そのまま普及、受け継がれ、やがてそれが「正しい」ものとなっていく場合は少なくない。現在取り沙汰されている文字でも言葉でも、現段階では明らかに誤っているとされているものも、時代が経過するにつれて、それが「正しい」とされるときが来るのかもしれない。

『文字は踊る』に、久しく誤ったまま後世に伝えられ、それが正しいものとされ用いられている事例がいくつか指摘されている。「一丁字」「四十物」「有職」「鍛冶」「機嫌」「公儀」などであるという。それらの中の一つである「一丁字」の場合をみよう。「丁」はもと「个」の字の誤用であるという。「个」は、いまの「箇」と同音同義である。「丁」の篆書が「个」の篆書とほとんど同一であり、後世楷書に改める際に「丁」と誤読されたのであるという。前島密の建議書の末尾にも「眼に一丁字無き」（次頁参照）と記されているが、それは「一箇の字も読めない」ということを意味している。

そこには、漢字を廃し国字に移ることは、川が下流に向かって流れるようなもので容易であること、また反対意見を想定して「廃漢字」と「禁漢字」とは違うことを述べる。すなわち「廃漢字」は、漢字を公用文書に用いないことと、将来の国文に漢字を用いないことであり、私用の場合には全文漢字でも一向に構わないのだという。また、日本には古来から郷学などがあり、教育は国民に普及しているという見方をする人もいるが、決してそのようなことはない、実際には、国民の一〇〇人に九〇人までは「眼に一丁字無き無教育の者」（まったく字を読むことができない）である、また仮にわずかの「授教者」（教育を受けているもの）も「浮華の文辞と無実なる道徳学のみ」にすぎない。いまは、「国家富強の実学を国民に普及せしむべき尋常の教育」が必要なのであり、それを遂行していくためには、「無数にして難知なる彼の形画字（漢字のこと）」の使用を廃止すべきであると。

その後も前島は「学制御施行ニ先チ国字改良相成度卑見内申書」（明治六年）を書いた。そして、また、「まいにちひらかなしんぶんし」を創刊したりして、漢字廃止を提唱し続けた。

○清水卯三郎の提言

清水卯三郎（一八二九～一九一〇）は、明治時代の町人学者といわれる。出版に携わり輸入業をも行っていた。文政十二年（一八二九）、武蔵国埼玉郡羽生町の酒造家の三男として生まれる。箕作阮甫の蘭学塾に学び、安政六年（一八五九）、横浜に店をもつ。これ以前に、安政元年、露国使節の伊豆下田来船に会し、幕吏に随行し露人に接し、露語を学ぶ。また、生麦事件の講和談判にも尽力している。英艦に乗船して薩英戦争を実見、慶応三年のパリ万国博覧会には、織物・漆器・錦絵・紙など多数を出品し、銀牌を得た。活版・石版印刷機械を買い求めて帰朝後、浅草森田町に瑞穂屋を開き、洋書・機械・薬種を輸入販売。明治二年（一八六九）『六合《りくごう》新聞』を出す。同年、日本橋本町に移転、出版に努めたが、後には歯科関係の本が主となり、歯科機械の輸入考案にもあたる。

このような経歴をもつ清水は明六社に加わり、『明六雑誌』に「平仮名の説」（明治七年）を発表、仮名文字論者として名をはせた。そのほかにも「えんぎりしことば」「ものわりのはしご」などをあらわし、自説を展開している。

彼の「平仮名の説」をみよう。彼はいう。ローマ字論や漢字廃止論などの国語国字論が展開しているけれど、平仮名こそが後進の人びとに広く通用する文字であり、国民に知識を普及させていくには、平仮名専用の口語体が便利であると。もう少し詳しくその概要をなぞろう。本稿の冒頭で、維新から明治初年頃の文字をめぐる動向を記し、いずれの論者も文字すなわち現行の漢字を改めて通用に便利なものを追求している。ある者は平仮名を、ある者は片仮名を、あるいは洋字にあらためる、あるいは新字をつくろうという者あり、さらには「邦語」に換えて英語にしてはどうかというものなど、文字・文をめぐって多様な議論が渦巻いているという。

実際のところは、いろいろな布告が出されても、多くの著述が著されても、「通用便利」を欠いているときは、まったく用に適さないものである。邦語を英語にあらためようとの論はいうまでもないし、和漢雑用も古来から行われているとはいえ、それらを理解することができる者はほんのわずかにしかすぎない。

そもそも文字・文章は「音声の記号」「言語の形状」であり、「日用備忘の一大器」であるから言語と異なることはないと述べ、差詰め言文一致をも主張する体のものである。また、「邦語」を英語に換えようとする論に対しては、これまでの慣習をあらためる必要はない、愛国心を欠くことにもなってしまうからと反論し、また、片仮名に通じているものは少ないであろうから、「余はただ平仮名を用うる

明六社と『明六雑誌』

明六社は、明治六年七月、アメリカから帰国した森有礼が中心になって創設されたもの。メンバーには、森有礼・西周・西村茂樹のほかに、津田真道・中村正直・加藤弘之・箕作秋坪・箕作麟祥・福沢諭吉・杉亨二らであり、後に追々加わって三十余人になった。彼らは、毎月一日と十六日に会合をもち、そこで議論された事柄が機関誌を通して普及していくこととなる。彼らがいうように、この会社は、「本朝にて学術、文芸の会社を結びしは今日を始めとす」であった。

一八七四年、機関誌『明六雑誌』を刊行、政治・国字・教育・自然科学・宗教・経済・法律・風俗など広範な分野の問題を取り上げ討論しながら人びとの啓蒙に貢献。一八七五年、政府の讒謗律・新聞紙条例を契機に中絶・廃刊、明六社は事実上解散。

ことを主張す」るという。また、彼の主張に対する反論があることを想定した清水は、いま記している
この主張を平仮名で著述していないのは、自分の主張を「ひとえに学者に謀る」ものであること、また

漢字廃止論脱却へ　漢字を二層の構造にわけては？

漢字廃止をめぐる議論は時代を潜り抜けて昭和も半ばを過ぎる頃に表面化したという《「機械で書く漢字」認めよう　情報化に対応し文化審が常用漢字見直しへ》（朝日新聞　二〇〇五・二・一〇）という記事の中で、阿辻哲次（中国文字文化研究者）は述べる。「私が高校生だった昭和四十年代には、機械で書けない『遅れた』文字など一日も早く廃止し、日本語もローマ字か、あるいはカタカナかひらがなだけで書くべきだ、という主張が、いたるところで唱えられていた。日本語を漢字仮名まじり文で書いている限り、タイプライターで美しい文書を迅速に作成できる欧米社会とは互角にわたりあえず、したがって近代的な社会の達成などとうてい不可能である、だから漢字など廃止してしまえという議論が、ビジネス界を中心に真剣におこなわれていたものだった」と。しかし、その後の技術革新によりコンピューターで大量の漢字が使えるようになり、それとともに漢字廃止論の前提は崩れ去った。「かくして『漢字は復権』をとげた。しかし、この復権は、過去に存在した伝統的な文化へそのまま回帰するものではなく、近代的文明の中で脱皮しながら、新しい価値観をともなう環境に生まれかわろうとするものであった」という。最後に氏は、「これまでは必要な漢字をすべて手で書かねばならなかった。しかしこれからは、かならず手書きで書けなければならない一群の基本的な漢字群と、正しい読み方と使い方を把握さえできていれば必ずしも手で正確に書けなくてもよい漢字群、というように、漢字全体を二層の構造にわけてもいいのではないだろうか」と述べている。

漢学者たちは、かつて「西洋を観て夷と云い、蛮と云い」国字の訳本があっても顧みることをしてはこなかった、しかし、漢訳の諸本が航来してきて初めて「蛮夷」でなかったことを悟ったように、文字使用についてももっと弾力的に対処することが肝要であると述べている。

洋字（ローマ字）派とその主張

○南部義籌《よしかず》の提言

南部義籌（一八四〇～一九一七）は天保十一年（一八四〇）、高知藩士岡田家の次男として生まれる。十一歳のとき、同藩の南部七蔵の養子となる。文久四年（元治元・一八六四）山内壱岐（山内容堂の妹の子で家老）に従い江戸に出る。開成所で蘭学を学ぶ。大庭雪斎の訳書『和蘭文語』を手にして、大いに感ずるところがあり、ローマ字採用を主張するようになったという。『和蘭文語』（安政二年・一八五五）の自序には「日本語はもともとりっぱな言語であるのだが、漢字をまじえて書くようになったため、乱れてしまったのはなげかわしい」といったことが述べられている。

「南部義籌（Nanbu Yoshikazu）年譜」（荒川順太郎）によると、

明治二年「修国語論」（ローマ字採用を提案）を大学頭山内容堂に提出

明治四年　「修国語論」を文部省に提出

明治五年　「文字ヲ改換スルノ議」を文部省に提出

とある。こうした一連の行動が当時の文部省を一時、動かしたようである。南部の言によれば「明治七年ニ文部省ニテ羅馬字ヲ以テ日本語ヲ書スル一定ノ法ヲ定メラルル事ニナリ私ガ其担任ヲ命ゼラレマシタ依テ私ガ起草シマシタ者ヲ編書課ニテ取捨ヲ加ヘ評決ノ上長官ノ決ヲ取リ印刷ニ附スルコトニナリ既ニ着手シテ居リマシタガツマラヌ事ヨリ取リ直スコトトナリソレガ為メニヒマドリテ居リマスウチ又待合サネバナラヌ事情ガ出来マシテソレガ長引キ期ヲ失ヒマシテ到頭ヤマリマシタ」ということである。

南部のいう「ツマラヌ事」の詳細については知りえないが、明治初年、ローマ字論も漢字廃止の議論とともに根強いものとして取り沙汰されていたのがわかる。南部の議論は、主として「漢字」を強く意識しているが、「仮名」に対する見解ははっきりとはしない。

その後、明治十二年十月十一日に著した「以羅馬字写国語並盛正則漢学論」（『洋々社談』五九・六〇号）では、ローマ字を仮名と比較しながら、国字としてローマ字を使用することを主張した。ともあれ、南部は、最近の学者は、漢字だ洋字だといって議論しているが、その議論は本質を見失っている、現状ではわが国の言語は海外には通じない、このような状態は決して文明国とはいえない。したがって対外関係のことを考えるならば、洋字をもって国語を修めるべきなのだが、世の人は因習になずんでいてなかなか漸進しないというのである。

対外関係をもっと強く意識し、積極的にコミットしていくべきであるという視点から唱えられた南部らの洋字採用の議論は、西周によってさらに具体的に示された。

○西周の提言

西周（一八二九〜九七）は津和野藩士。医家に生まれたが、儒学に転じ、徂徠学に傾倒する。嘉永六年（一八五三）、江戸に出て蘭学を学ぶ。以来、洋学の道に入り、蕃所調所教授手伝並となる。文久二年（一八六二）、同僚津田真道らとオランダに留学、五科（性法・万国公法・国法・経済・統計）を学んで帰国。王政復古に際しては、徳川家中心の憲法案（議題草案）を立案。維新後は徳川家の沼津兵学校頭取。明治三年（一八七〇）、山県有朋から呼ばれて兵部省に出仕のため、東京に移り、自邸内に私塾育英舎を開く。明治四年、宮内省侍読となり御前進講を行う。明治六年、明六社に加盟、「明六雑誌」第一号から哲学的論文を寄稿する。また「百一新論」その他を表して旺盛な学問的活動を展開している。時事問題では、民撰議院論争にも参加するが、時期尚早論の立場に立つ。明治十一年、軍部官僚として「軍人訓戒」を起草、さらに「軍人勅諭」の原案起草にもあたる。

西は「洋字をもって国語を書するの論」（『明六雑誌』第一号）を記した。本稿では明六社が目的とする学術振興と新知識普及による国民啓発のために、ローマ字を国字としてはどうかということを提案している。また、西は明言してはいないが、この記述は、言文一致の先駆をなす提案にもなっているといってよいだろう。以下、その概要をみよう。

本稿は、西欧の文明を羨み、日本の不開化を嘆ずるところからはじまる。なぜ開化が進まないのか、それは「人民の愚」にあるという。西の言によれば、維新以来、「善政あれど、民その恩沢を蒙らず」「美挙あれど、得失相償わず」というのが明治初年の状況であったという。外面の規模は盛大であるが、衷情（誠意）はいまだいきわたっていない、あたかも猿が衣装をまとい、炊婦が舞衣を着ているかのようであり、「上旨は下達せず、下情は上伸せずして全身不随の人のごとし」であるとみている。では、その「人民の愚」をやぶるのは何か、それは「学なり術なり文章なり」であり、これこそがまさに「一大艱険を除くの具」であるのであり、古人もいうように「文は貫道の器」であると述べている。

そのうえで西は、このような状況下で提言するのも憚られるところであるが、おそれを顧みず私見を述べるので検討してほしいとその考えを披瀝していく。

わが国の文章について、「言うところ、書すところ、その法を異にして、言うべきは書すべからず、書すべきは言うべからず、これまた文章中の愚なるものにして、文章中の一大艱険なり」と述べ、言文一致の必要性を示唆している。

そして、まさにこの時期、このような状況下にあって文字や文のあるべき道を模索しながら多くの人びとから多様な考えが示されていることを指摘する。たとえば、漢字の数を減じてその数を定める、和字(かな)のみを用いる、そのほか諸種の異論もあることを指摘し、とくに漢字節減と和字使用の説について西なりの見解をやや詳しく述べたうえで、自分はどちらの説にも与しないという。そのうえでいう。

現在まさに欧州の習俗がどんどん日本に入ってきている。衣服・飲食・居住・法律・政事・風俗そのほか百工学術にいたるまで。これからもおいおい外国人の内地雑居も進むであろうし、キリスト教の普及も目にみえている。永い目でみれば、西欧化はどんどん進んでいくであろう。すでに、全体十のうち七について西欧化は進んできている。かつて古代において、わが国は「漢土」から文字を採り入れ、同時に諸文物も併せて導入したことを考えれば、多くの欧州の文物を採り入れているいま、併せて文字を採り入れる以外にないのではないかと洋字導入を提言した。

さらにいう。これまでの経緯をみると、日本の国民性は「襲踏に長じ模倣に巧み」であり、それを生かしていまがある、このような国にいるのであるから「人の長を取て我が長となす、また何の憚るか」、要するに、「洋字をもって和語を書し、呼法を立て、もってこれを読む、かくのごときのみ」であるとした。しかし、それを進めていくにあたっては決して厳しくしてはならない、緩やかに事を運ばなくてはならない、年月をかけて、寡より衆に及ぼし、小より大に至らしむことが大切であるという。このように述べても、「利」が多くないと皆は納得しないだろうからといって、洋字導入の「利」を列挙した。それは次のようなものである。①（洋字をもって和語を書すという法が行われるならば）本邦の語学立

つ　②童蒙にとって簡易である　③言・書の法同じ（言文が一致すること）　④ローマ字は二六字なので児女も男子の書を読み「鄙夫も君子の書を読み」かつ自らの意見を書くことができる　⑤洋算・簿記も横書き洋字も横書き　⑥（ヘボンの字書や仏人の日本語会があり、ともに目下のところあまり充分とはいえないが）この「法」が認められれば「米欧化」は進展するだろう　⑦著述・翻訳にも便である　⑧印刷に軽便　⑨翻訳中に学術上の語をそのまま用いることができる　⑩洋字導入の「法」が実現すれば「およそ欧州の万事ことごとく我の有となる」という。

次いで、当時のちまたでの議論・反論などを想定して、逆に洋字導入説には、①筆墨を作製するものが職を失う　②紙の製をあらためなくてはならない　③この説を伝聞して漢学者流・国学者流の人が厭い妬むであろう　の三つの「害」があるとも述べている。そしてまた、洋字導入を実施していくにあたっては、三つの「難事」に直面するともいう。第一は、語学の難事。現在用いられているのは、仮名まじり・漢語法を用いたもの・和語法を用いたものなどがある中で、それらに代えて洋字で表現するのは大変であること、しかし、それも長い期間には慣れていくであろう。第二は政事上《ママ》の難事。この提案を自分はよいと思っても、政治上の許可がなければならず、ひとたび文部省が禁止すればまったく徒労に帰してしまう。第三は費用の難事。しかし、これは難事ではあるが、それなりの工夫をすれば何とかなるだろう。洋字を国字にするにあたっては、このように三つの「害」や三つの「難事」があるけれども、十の「利」に比すれば大したことではないのではないか、と主張した。

以上のようなことを述べたうえで、洋字導入の順序を十段階に分けて記し、「諸先生」（ここでは明六社の社員）に、西の提案の検討を仰いだ。

西が示したその順序については理解しにくい点が少なくないが、とりあえず示すと以下のようになる。

第一：アベセ字とわが邦音と配当してこれを定む（適宜割り当て定める）。
第二：わが音に四声の別あり、その法を定む。
第三：語の性質を定めて数種となす。
第四：語に前天と後天との別あり、これを定む。
第五：綴字の法を定む。
第六：呼法を定む。
第七：屈曲の法を定む。
第八：働字の法ならびに時を定む。
第九：漢字の音を用うる法を定む。
第十：洋語を用うる法を定む。

以上が、西の論文「洋字を以て国語を書するの論」（『明六雑誌』一-一　明治七年）のおおよそである。洋字を提唱しながら、その実、西の文章は長文、かつ難解な語彙が多いことは同時代の人に比して突出している。西が若いときに儒学、とりわけ徂徠学に傾倒していたことによるものであろう。しかし、彼の文の随所に西独特の洞察がみられる。漢字導入の古代と、洋字導入の維新期との比較、文字摂取とその展開に関する日本人の性質のとらえ方などは、上述したようにきわめて説得的である。

このような提言を受けて、少なくない反応があったことと思われる。その中での代表的なものとして、西村茂樹の「開化の度に因て改文字を発すべきの論」（『明六雑誌』一-二　明治七年）が注目される。少々脱線してしまうが、議論の展開としては看過できないと思うので、右の西の提言に対する西村の意見を検討しておこう。

○西村茂樹の西周への反論

西村茂樹（一八二八～一九〇二）は佐倉藩士。漢学を安井息軒・海保漁村について修め、文章を大槻盤渓に学ぶ。嘉永三年（一八五〇）、家督相続。嘉永六年、佐倉藩の支藩である佐野藩の藩事に従事。嘉永六年頃より大塚同庵・佐久間象山について西洋砲術を学び、また洋学にも通じた。明治元年（一八六六）十一月、本藩に復帰し、年寄役。明治二年、佐倉藩大参事。明治五年一月、印旛県権参事辞任後、明六社に参加。明治九年、東京修身社（後の日本弘道会）を創設し、以来、皇室中心主義の道徳思想家・教育家として活躍する。

本稿では、ローマ字採用の意義は認めるものの、文字学習の負担や同音異義語の区別に際しての漢字のもつ利点、伝統的学術の保存などを考慮するべきであると説き、国字改良よりも国民の教育・啓発こそが先決であるということを主張した。

とりあえず西村の発言「開化の度に因て改文字を発すべきの論」(『明六雑誌』一-一 明治七年)を検討しておこう。西村は、冒頭で、西周の改文字論「洋字をもって国語を書するの論」を熟読して、その論はもっともであるとしながら、その機が熟していないことなどを理由に三つの反論をしている。その一は、人は、「簡易明白」を喜び、「繁冗混雑」を厭うものである。たとえばとして、「山」「川」を洋字で記すとyama kafaとなり、字画はやや繁冗にして字面やや「明了」ならず、また「川」「革」「側」を書くときは、字面は一見してその義を知ることができるが、洋字でkafa kafa kafaと書くときは、三語の区別は困難である。これが、西のいう洋字導入論の不利の第一である。したがって西のいうように漢字・仮名を合わせてこれを廃棄して、洋字一本にして用いることは困難である。現在は古代に漢字を導入したときと状況が異なり、中国の文字や言語を用いて以来千有余年が経つ。それを古代の漢字導入時に、それ以前のものを廃棄したという事柄を引き合いに出し、それと同様にとらえることは妥当ではない。これまで用いてきた和漢の文字を一挙に廃棄することは困難である。これが不利の第二である。

現在は、「上朝廷の号令より、下民間の書翰に至るまで、和漢の文字を用いざるものなし(中略)もし断然として和漢の文字を廃し、洋字のみを用うるときは、今日より以前の載籍(書物)は全く読むことを得ずして、二千年間の和漢の事迹は曖昧なること暗夜のごとくなるべし」とし、要は「二重の労」は免れえないこと、これが第三の不利であり、このような不利を冒してまでも未見の「奇法」を行おうとするのは至難であることは子供でも知るところであるとした。

そしていう。この三つの不利は、「文化開明の民」からみれば、一つも不利にあたるものではないだろう。しかし、現状では充分には文明開化が進んでいない段階であるから、文字を改めようとするならば、それなりの順序を踏まなくてはならない。いま急がなくてはならないことは、国学・漢学・洋学の差別なく、一人でも多く学問に志す人が出ることである。学問を志すものが多くなれば、自ずから「(本朝の)文字・言語の窒礙(障害)多きことを知る」。そこで、初めて和漢の文字を廃して洋字を用いるの説を述べればよいだろう。「これ僕が、民の愚見破れざれば文字を改むること能わず」というものである。

そして、そのためには、討論を充分に行い、その成果を一般に普及させていくのが順序であろうと提唱した。そのためもあって創設されたのが明六社であると。

○森有礼の提言

森有礼(一八四七〜八九)は薩摩藩士、外交官・教育家。十二歳のとき、藩校造士館、ついで上野景範に英学を学ぶ。元治元年(一八六四)、新設の開成所に入る。慶応元年(一八六五)、藩命によりイギリスに留学、翌年夏ロシアに赴く。慶応三年、アメリカに渡りハリス教団に入る。翌四年帰朝し、ただちに新政府の徴士・外交官権判事・公議所議長心得など歴任。明治三年（一八七〇）、小弁務使となり、アメリカに駐在。明治六年帰朝し、外務大丞・同少輔・清国公使・外務大輔など歴任。明六社結成、啓蒙運動に活躍。明治十二年、イギリス公使として駐英。同十七年帰朝し、参議官、文部省御用掛兼務。明治十八年十二月、伊藤博文内閣の初代文部大臣。翌年、学校制度全般の改革、帝国大学令・師範学校令・中学校令・小学校令など公布。開明的な性格とともに、国家主義的でもあった。それゆえに、一面が誤解され、明治二十二年二月、憲法発布式典の当日、国粋主義者西野文太郎により刺殺される。

森は公使として三年間米国に滞在し、そのあいだに米国の制度文物を研究、新しい日本の建設を目指した。教育問題、とくに文字やことばについて関心があった。そして、日本語をローマ字で表記しないと欧米の文明についていけないのではないかとの考えをもつようになっていったようである。森は、「日本教育策」という稿を書いている。それは、英文で書かれたものであり、その一部が、『明治文化全集』教育篇に収載されている。

海後宗臣の解題によると、森は、「当時日本語は複雑で文明を摂取するにはきわめて不適当である」「これを改めるには欧米先進国の英語を用いて、日本語は全然これを廃して仕舞う」という急進的な思想をもっていた、さらに「現代の状況にあっては、日本以外に於て通用しない我が国語は、次第に英語に代わらなければならない有様にある」という考えをもっていたという。

「日本教育策」から、森がアメリカ駐在中に、しかるべき人びとに対して意見を求めていたのがわかる。一八七二年二月三日付の書翰には、「アメリカ合衆国日本公使館」の肩書きで次のような事柄を記した。「余ガ本国ニ駐劄スル事務ノ一部トシテ、特ニ日本ノ教育問題ヲ研究スル任務ヲ持ツノミナラズ余自身トシテモ日本帝国ノ発展ニ異常ナル興味ヲ持ツモノデアル」として物質の繁栄、商業・農業・工業のことや国民の社会的・道徳的・身体的状態のこと、さらには法律・統治上の事柄など多面的な項目について意見を求めている。

ここでは、森の文字やことばに関する考えに絞ってみたい。彼が具体的にどのようなことを記したのか、その全貌を知ることはできないが、森から意見を求められたウイットニー（コネティカット州新哈汎ヱール中学校）の返事から、森の問いを推測しえるし、それに対するウイットニーの意見を知ることができる。そのウイットニーの返事には「貴意によると簡雅なる英語を用ひて日本の語言を変ぜんと欲するが如きお考へであるが、これは少しく考へなければならない問題である。元来他国の言語を取って国語に代へる時には、その言語を用ひる国民と同じ類族となり、その文運を之と共にすることとなる。このために貴国が英語を用ひて現代世界に雄視する諸国の文明を取り入れんとすることには賛成である。然し、画一的な簡易なる英語を作って之を用ふることは宜しくないことである。人には習慣があるが、これを無視して然かく簡易な言語に統一することは不可能である。（中略）然し、異邦の語言を借りて之を一般人民に迄行はしめることは、何処の語言史を緒いて見てもそれに成功した記録はない。それ故に英語を日本全体に於て使用せしめ、日本語を廃するが如きことは決して行はれることではない。先づ、学者の語として英語を用ひ、次第に人民に英語の文詞を用ひしめ、然る後果して之を用ひて文運を盛にし得るや否やを慎重に考へて後、その通用の可否を決しても必ずしも遅くはない」と記されている。

この文面からすると、森は日本語に代わり得る英語の採用を、しかも単に現用されている英語をそのまま導入するのではなく、一定の変更を加えながらの導入を考えていたように思われる。具体的にどのような変更であったのかは明らかではないが、当時の「現状」を一〇〇パーセントそのまま採用するものではなかったことは注目される。

それはともかくとして、現用の日本語を廃して英語を用

ＧＨＱのローマ字化構想

《ニッポン　人・脈・記》（朝日新聞　二〇〇八・一二・五）の記事はいう。「戦後の占領期、連合国軍総司令部（ＧＨＱ）が大がかりな『日本人の読み書き能力調査』を命じた。日本語は漢字が多くむずかしい。それが民主化を遅らせている。調査結果しだいで、ローマ字に変えてしまおう。そんな思惑があったらしい」と。そのときの調査の中心となった柴田武らがつくった漢字テストは、いまの小中学生が習うレベルのものだったという。一九四八年八月、全国で十五歳から六十四歳の約一万七〇〇〇人がテストを受けた。結果、読み書きできないとされた人はわずか二パーセント。第二次世界大戦直後の日本人は漢字がよく読めた。かくしてＧＨＱのローマ字化の構想はついえた。

いようとした森の構想は必ずしも順調に運ばなかったことはその後の歴史が示している。しかし、その後の動きをみると、森の構想はそのままのかたちでは実現しなかったけれども、明治十八年、文部大臣になって後、教科書に英文を積極的に採用しようとしていることなど、教育改革の中に少なからず自らの主張を反映させようとしている姿をみることができる。

漢学と洋学

「漢字と洋字（ローマ字）」の議論は「漢学と洋学」にも通じるものがある。ちょうど、ここで扱っている議論が行われている頃、次のような発言をした人がいる。中村敬宇（中村正直）である。中村は、一八八三年四月、次のような文章を書いた。「夫レ方今洋学ヲ以テ名家ト称セラルル者ヲ観ルニ、元来漢学ノ質（素カ）地有リテ、洋学ヲ活用スルニ非サル者莫シ、漢学ノ素無キ者ハ、或ハ七八年、或ハ十余年、西洋ニ留学シ、帰国スルノ後ト雖モ、頭角ノ嶄然（ざんぜん　一段高く抜きんでる）タルヲ露ハサズ、其運用ノ力乏シク、殊ニ飜訳ニ至リテハ決シテ手ヲ下ス能ハサルナリ……有用ノ人物ト推サルル者、漢学者ニ非サルハ無シ」と。幕末から明治期にかけて、語学の手段がほとんどなかった中で、欧米の文化学問をいち早く吸収しえた背景には、漢字・漢学の素養知識が基礎にあったからであった。漢字・漢学についての批判も多かったであろうが、これらの知識をしっかりと習得している幕末明治人によって、欧米の文物が急速に採り入れられたことに思いをめぐらせておかなければならないだろう（現在、小学校から英語を学習させている状況がみられるが、「日本人」として教育するならば、日本語の基礎を学ぶことが先決ではないか。もっとも、昨今のように国際化が進んでいるとき、「国際人」を目指すならば「それもありか」の思いもよぎる）。

以上、「洋字」導入を主張した論者を中心にみてきたが、このような西や森の議論には、二十一世紀の現在にも何かしら共通する社会的状況があったことをみておきたい。

漢字節減派の主張

○福沢諭吉の提言

福沢諭吉（一八三四〜一九〇一）は啓蒙思想家・慶應義塾の創立者。豊前国中津藩士の二男に生まれる。十四・五歳で漢学を習いはじめる。主に白石常人に師事。安政元年（一八五四）、蘭学修行のため長崎に出る。安政六年、横浜見物に出向き、そこで自らの語学を試したところ、もはや蘭学が役に立たないことを悟り、英学の独習開始。万延元年（一八六〇）、幕府の遣米使節派遣に際し、希望して軍艦奉行木村喜毅の従僕の名義で正月から五月まで咸臨丸で渡米。現地でウエブスター辞書を購求、日本人として初めてもち帰る。同八月、最初の出版物『（増訂）華夷通語』を刊行。また、この年、幕府の外国方に雇われ、外交文書の翻訳に携わる（同時に自ら携わっている塾の教育を英学に切り換える）。文久元年（一八六一）十二月から一年間、幕府の遣欧使節に随員として参加、仏英蘭独露葡などを歴訪。国際情勢を視察するとともに原書購求に務める。その際の記録として『西航記』『西航手帳』などを遺している。元治元年（一八六四）、幕臣となり、外国奉行翻訳方を命じられる。元治二年正月から六月、幕府の軍艦受け取り委員の一行に加わり渡米。ウエーランドの経済書をはじめ原書多数を購求。慶応年間、著作活動を本格的に開始。代表作『西洋事情』（偽版を含めて二〇～二五万部売れたという）。これと前後して『雷銃操法』（慶応二～明治三年）、『西洋旅案内』『条約十一国記』『西洋衣食住』（以上慶応三年）、『訓蒙窮理図解』『兵士懐中便覧』（以上明治元年）、『洋兵明鑑』『掌中万国一覧』『英国議事院談』『清英交際始末』『世界国尽』（以上明治二年）など立て続けに刊行。このあいだに慶応三年、王政復古がある。その後、新政府から出仕を求められたが辞退。以後、生涯官職に就かず、位階勲等不受。その後、「天は人の上に人を造らず」ではじまる『学問のすゝめ』（明治五～九年、偽版を含め三〇〇万部）、文明の進歩を説く『文明論之概略』（明治八年）はじめ『啓蒙手習之文』（明治四年）、『童蒙教草』『かたわ娘』（以上明治五年）、『改暦弁』『日本地図草紙』『文字之教』『会議弁』（以上明治六年）、『帳合之法』（明治六～七年）、『学者安心論』（明治九年）などを相次いで刊行している。そして、このあいだに明六社にも参加して啓蒙活動に専念した。

ここでは、その福沢が文字や文のあり方について言及した『文字之教』を検討しよう。本書は、「第一文字之教」「第二文字之教」「文字之教附録　手紙之文」の三部からなり、明治六年八月に記された。「文字之教端書」には、本書の著述のねらいが述べられている。

一、日本に仮名文字がありながら漢字を用いていることは不都合ではあるが、往古からの仕来りなので、これを俄に廃止することは不都合である。漢字廃止を行うには時節を待つほかはない。

一、時節を待つといっても、単に手をこまねいているのではなく、しだいに漢字を廃止していく用意が必要。その「用意」とは、むずかしい漢字をできるだけ用いないようにすること。

福沢諭吉著『文字之教』

一、医者・石屋などは漢字を用いる方が便利だが、上る・登る・昇る・攀るなどを書き分けるのは困難であるから「働くことば」にはできるだけ仮名を用いる。

などである。そして、この意図に沿って、漢字や文を学んでいく方法を「文字之教」の中で説いた。「第一教」からはじまり順を追って学んでいくことにより、平易から難解なものへ、知らず知らずのうちに実践的に体得していけるように工夫が凝らされている。

また、付録では、手紙文の学びについて記されている。ここでとくに注意されていることは、「申上候」「奉存候」などのいわゆる候文、「被下」「可被下」「難有」などのような文字の反転などである。現在のように電話が普及していない当時にあっては、手紙は重要なコミュニケーションの手段であり、誰でもが身につけておきたい事柄であった。しかし、いざ書くとなると、日常の会話どおりにはいかない一定のルールがあったのである。しかもこの付録の端書きの末尾で、本書の順序で学んでいけば、ほぼ

「漢字節減の波紋」（「輿論」と「世論」）

福沢のような漢字節減の動向は、文字を広く普及させるのに大きな力となったに違いない。しかし、このように節減したり制限したりすることで排除されたことによる不都合も少なくなかった。別項にみた「障害」（一八一頁参照）などもそうだが、ここでは別の事例を挙げておこう。佐藤卓己著『輿論と世論』の刈部直の紹介記事である（朝日新聞　二〇〇八・一一・一六）。表題にある「輿論」（ヨロン）と「世論」（セロン）の二つを区別する視点から著者は、報道・世論調査と政治との関係について以下のようにいう。「人々が自分の頭でじっくりと考え、責任をもって議論をたたかわせた過程から見出される、理性にのっとった多数意見。これが民主政の基盤となるべき〈輿論〉であるのに対し、世間に何となく広まっている好悪の感情は、単なる〈世論〉にすぎない」と双方の語の意味の違いをいう。しかし、漢字の制限により二つの言葉の区別は見失われ、いまではほとんどの人が「世論」を「ヨロン」と発音しているという。これは、単に言葉遣いの問題に止まらず、統計調査の数字として表れる世論の取り扱いを大きくゆがめてもいるという。よかれと思って行われた漢字制限は、別のところで不都合を招いていく。それがどのような波紋を描いていくのか、常に歴史的展開と絡み合わせてみなくてはならない。ちなみに、幕末明治初年の多くの史料には「輿論」と「世論」は、はっきりと区別されて記されている。

必要なことはマスターできるとしたうえで、「唯文字の真と草とを見分ることとむづかしきのみ」と記している点が注目される。いうまでもなく、手紙は手書きで書かれるために、書き手によって書き方によって活字のように固定的にみることができないことをつけ加えている。また、この付録で注目されるのは最後の二七段である。それは悪文の例として設けたものである。そしてその末尾に、この文は述べている事柄も宜しくないし、文字も難しいものを拾い集めたり、ありもしない熟字を使ったりしている。世間には、もっともらしくこのような文を書く人がいるが、こんな文をこれから学ぼうとしているものは決して真似をすべきではない、「少年の輩、必ず其難文に欺かれざるやう用心す可し。其文を恐る、勿れ。其人を恐る、勿れ。気力を慥にして易き文章を学ぶ可きなり」と福沢らしく結んだ。

新字作成派の提言

○阪谷素《しろし》の主張

阪谷素（一八二二～八一）は文政五年（一八二二）、備中国川上郡九名村に元郷士阪田左五八政の次男として生まれる。同十年、大坂に出て奥野小山、大塩中斎の門に入る。天保三年（一八三二）、江戸に出て昌谷精渓、古賀侗庵に入門、弘化四年（一八四七）、備中に戻る。その後、洋学研究のため江戸に出ようとするが、果たせぬまま、郷里で家塾を開く。慶応二年（一八六六）、徳川慶喜

に謁見。明治五年（一八七二）、陸軍省出仕。同六年、文部省出仕。同十二年、東京学士会院会員。

このような経歴をもつ阪谷の見解「質疑一則」（『明六雑誌』一〇-四）をみよう。それによると、眼前の紛々としている議論は、どれも一理あるようだが、またどれも決定的なものではない。このようなままではうまい解決はみられない、英・仏では英・仏の言語・文字を用いざるをえないし、魯西亜・独逸では魯西亜・独逸の言語・文字を用いざるをえない、支那・朝鮮においても同様である。「一に従えば一は逆い、一に便なれば一に不便」、このように文字・言語の「異同」が「五大州中」の開化を妨げている。ではどうしたらよいのだろうか、と半ば自問するかのような発言をしたうえで「万国文字・言語を一にせんのみ」という。さらに「ひとり文字・言語に至りては人々その辞を殊《（ママ）》にし、その音声を別にすれば、これを同一にする、害なくしてただ利あるのみ。その便にして学問・交際の益をなす、実に宏大なり」「万国普通の公理によりて各国合議、論定するのみ」として、万国共通の文字・言語の作成を提案した。そして「欧米文明の国もいまだこの案に及ばず」と述べ、その先進性を強調した。

この件について、さっそく明六社で検討されたいとして、次のような方法を提示する。すなわち「各国文字・言語の長を取り、短を捨て、混一に帰するの基本を開き、各国に咨詢し、勉強忍耐、百折撓まず、天地間同文・同語の大益を成す、あに万古の大愉快にあらずや」と。このような阪谷の考えの背景には、かつて欧州で「恒久平和」を唱えた人がいた、これはもっともなことであったが、利害が一致せず、各自の勝手な振る舞いで実現にいたっていない、いまここに提言する文字・言語については、各国貧富・強弱に関わりなく「同一なるの利あるのみ」という考えによるものであったと述べている。この阪谷の発想はその後に展開するエスペラントに通じるものがあった。

やがて、混沌の中から当時の国字論の不備をついたものが明治十年代後半から二十年代にかけて現れる。明治十九年（一八八六）の①矢野文雄「日本文体文字新論」、②末松謙澄「日本文章論」などである。①では、語体語勢のことを論じたものであり、漢字と仮名との優劣、仮名とローマ字の優劣に言及し、結局は、漢字保存論を展開する。②も結局は、仮名文の弱点を指摘。仮名文の振るわないこと（漢字廃止も不可）を述べることにとどまった。

エスペラント

エスペラント（Esperanto）（希望ある人の意）は、一八八七年、ポーランド在住のユダヤ人ザメンホフにより提唱された国際補助語。二八の字音（母音五、子音二三）をもち、文法体系は簡単である。言語の違う諸民族間の相互理解を目的とするエスペラント運動は、民族解放思想・反差別思想・平和思想と互いに影響しあいながら展開していった。日本では、一九〇六年に、日本エスペラント協会が設立された。

右の阪谷の発言を筆頭に、多くの「新国字論」が登場している。たとえば、明治十八年、平岩宜保「日本文字の論」（神代文字を修正して一九字として国語を写せばかな文より簡便）、明治十九年、小島一騰「日本新字」（ローマ字を基礎とするもの）、明治二十年、北尾次郎「颶風の説」（適当な文字を発明する）、明治二十六年、井上哲次郎「新国字論」（平仮名を基礎とする）、など続々と多くの発言が続いた。これらの新字論として考えられていた議論の要点をまとめておくと次のようである。①神代文字（九二頁参照）を改作しようとするもの、②漢字を改作しようとするもの、③片仮名を改作しようとするもの、④平仮名を改作しようとするもの、⑤片仮名平仮名を取捨混淆して改作しようとするもの、⑥漢字と仮名を取捨混淆して創作しようとするもの、⑦羅馬字と仮名とを取捨混淆して創作しようとするもの、⑧「明盲共通文字」を工夫しようとするもの、⑨「視話文字」を採用しようとするもの、⑩速記文字を採用しようとするもの、などであった（『国字問題の研究』）。

いずれにせよ、漢字廃止にはじまり新字作成にいたるまでの文字をめぐる議論は、文字どおり蜂の巣をつついたような有様、その結果として明治三十一年（一八八九）、国字改良会が組織され、翌三十二年、帝国教育会内に国字改良部が新設され調査が行われることとなった。明治三十三年、文部省内に国語調査委員が設けられ、同三十五年、国語調査会が成立、「文字ハ音韻文字（フォノグラム）ヲ採用スル事トシ仮名羅馬字ノ得失ヲ調査スルコト」（一条）を調査の方針として動き出した。

以上、幕末明治初年にかけて、文やことばを含め文字をめぐる諸議論についてみてきた。ここでは、その一部しか採り上げることはできなかったが、背後ではもっと多様な議論がたたかわされたことであろう。そして、また、これらの議論のいずれもが、当時の社会において重要な立場にいた人たちの間でたたかわされたものであり、どれをとってみてもかなりの実現性を帯びたものであった。それらの中でも、とくに前島密や福沢諭吉の議論は単に議論段階で終わるのではなく、自らの主張をどのように実践に供していったらよいのか、そこにまで踏み込んだ提案となっていることが注目されるところである。

ともあれ、幕末明治初年における文字・文・ことばをめぐる議論は、看過することのできないものとして、広範な人びとを巻き込んで真剣に意見がたたかわされた。この項を閉じるにあたって、あらためてなぜこのような議論が沸騰したのかということをいわなくてはならない。ひとことでいえば、文字どおり「近代化」に伴うものであった。いま少し具体的にいうならば、一つには身分制社会という枠組みが取り払われたことにある。それまでは、身分によって利用することばや文字には枠組みがあり、使用される文字やことばはそれぞれの階層間で完結していた。しかし、明治初年の「四民平等」化に伴い、階層を隔てていた垣根がなくなったことによる新たな相互交流が生まれたことによるものであった。二つには明治初年の義務教育導入である。すべての人が学問・教育を受けなくてはならないことになれば、従来ごく限られたもののみに委ねられていた学問・教育、それに伴う文字習得の必要が社会全般に拡充されることになったこと。三つには急速な国際化志向の問題である。いかにして「近代文明」を摂取していくのか、それには文字やことばの見直しが不可欠であった。四つには印刷術の問題である。たとえば、画数の多い文字、膨大な文字数の漢字などは、印刷者の立場からするならば、決して好ましいものではなかった。

そのほかにも多様な事柄が絡み合って文字をめぐる議論は展開していった。

（2）明治初年の旧福山藩にみる文字論

幕末維新期における文字をめぐる動きについて、藩レベルではどのようであったのだろうか、旧福山藩の事例をみよう（『日本教育史資料』四　二六〇頁～）。

福山藩では、維新政府誕生直後、「学制改革」が行われたが、それもわずかにして見直しがはかられた。その見直しにあたって、次のような事柄が確認されている。すなわち、①西欧の学術・制度・器械などは先進的であること　②わが国と西洋との違いは西洋の人びとは耳目を開き海外いたるところに通航し才智を磨いている　③それに対して日本では国内のことのみの見聞に終始している　などである。とくに、対外関係に関わることが重視されているのがわかる。このような認識に立って、従来の学制の見直しが図られることになるが、その際に留意されたのは次のような点であった。すなわち、旧習にとらわれず、士農工商貴賤尊卑の別なく学術に通じ、職業を盛んにし、国家有用の学をたてることである。

右のような線に沿って、新たな「学制論」が提案された。ここでは、文字に関わる点に絞ってその概要をまとめると以下のようになる。

①「学」は平易であること。

②「漢人漢文ヲ学ヒ洋人洋文ヲ読ム」という具合に、皆それぞれに自国の言語文字を用いている。
③しかるに日本人の学は必ず「異邦ノ言語文字ヲ学」ぶことからはじめなくてはならない。
④まずその字を習い音を記し、その訓釈を学びようやく文を読みその意を解し、やっとその学びに入る。
⑤とにかく字と音とを学ぶのにずいぶんと時間が費やされる。
⑥このような状況なのでとても「異邦ノ学」（進んだ西欧の学問）を習得するにいたらない。
⑦したがって「漢字ヲ変化シ仮名ヲ製シ以テ之ヲ記ス」のがよい。
⑧従来使われてきたいろは四七文字の仮名で充分表現することができる。
⑨世の開化に従い事物が多くなり、これまでの言語では不足になった場合には適宜「漢洋ノ語」を混ぜて補えばよい。
⑩ともあれ児女子も容易に「読ミ口能ク言フ所筆書」できるようにすることが望ましい。

以上が、明治初年、旧福山藩において検討されまとめられた「学制論」の一部である。かなり長文のものであるが、全体としては文字や語に関する言及が多いことが注目される。要は、各国の人びとはそれぞれに自国の文字や言語をもって学んでいるように、日本人も「異邦の言語文字」（ここでは漢字が強く意識されている）を用いるのではなく、「仮名」を用いるのがよいという。そして、対外関係のことを考えて、仮名だけでは不足の場合には適宜「漢洋ノ語」を混用していくのがよいのではないかという提言である。藩が新しい時代に即した教育策を構想していくにあたって、いかに文字や言語が重要な位置を占めるものであったかを如実に語っている。そして、ここで述べられている事柄は、前項でみた文字をめぐる諸議論が決して机上の空論でなかったことを裏づけるものであったといってよいだろう。

（3）文字をめぐる議論のその後

幕末から明治初年にかけて、とりわけ明治四、五年頃から活発化していった文字をめぐる議論、すなわち漢字廃止派（仮名文字派）・洋字派（ローマ字派・英語導入派）・漢字節減派・新文字作成派などの意見抗争は、明治十年代に入ると新たな流れをたどっていく。

その頃の様子を久米邦武は回顧している。それによると、森有礼が米国在留大弁務大使となってワシントンの公使館に在留時、ローマ字に改める意見を述べた。一方、久米の友人丹羽雄九郎がスコットランドのグラスゴーにおいて、小松宮の前で耶蘇教師と議論したとき、「世界のもっとも開化したる文字は日本の仮名文なり」と論破し、帰国後、森と丹羽との意見の対立は確執を生んだという。丹羽は、二六新聞社の所在地で商業を営みながら純片仮名文を実行することとなる。その後、一方に「羅馬字会」が起こり、一方には「かなのくわい」が起こり、双方激しく争った。しかし、やがてこれらの会も内部分裂をきたし、散会せざるをえなくなった、という。

　文字をめぐる議論の流れは、明治十年代から二十年代にかけて変化しながらも続いていった。とくに「仮名」文字派と「洋字（ローマ字）」派との対立が主潮流になっていった。そこで、この双方の対立状況を語る事象をみていこう。

「かなのくわい」の成立

「かなのくわい」成立の先駆をなすものとして、明治十四年（一八八一）に成立した「かなのとも」があり、引き続き「いろはくわい」「いろはぶんくわい」「いつらの音」などの仮名国字論の団体があらわれた。「かなのとも」に参加した人は、吉原重俊・高崎正風・有馬猛・西徳次郎・福羽美静・丸山作楽・近藤真琴・物集高見・大槻文彦らであり、歴史的仮名遣いをもって仮名文をあらわそうとした。「いろはくわい」には、肥田浜五郎・丹羽雄九郎・後藤牧太・三宅米吉・中上川彦次郎・小西信八・辻敬之らが加わり、発音的仮名遣いを主張した。「いろはぶんくわい」も同じ考えだったので、後に合併して「かなぶん会」をつくった。

　これらの団体は、明治十六年七月に大同団結をして「かなのくわい」を組織した。そのときの目的がその規則第一条に示されている。「我ガ国ノ学問ノ道ヲ容易クセンガ為メニ言葉ハ和漢古今諸外国ノ別ナク成ルベク人ノ耳ニ入リ易キモノヲ択ビ取リ専ラ仮名ノミヲ用ヒテ文章ヲ記スノ方法ヲ研究シコレヲ世ニ拡メントスルニアリ」であった。

このようなかたちで右の小団体はまとまったけれども、成立当初から三つに分かれていた。そのことを規則第四条にみることができる。そこには「会中ニ月雪花ノ三部ヲ置ク、月ノ部ニテハテニハ仮名遣ヒヲバ従来ノ格ニ従ヒテ記サントシ、雪ノ部ニテハ従来ノテニハ仮名遣ヒヲ改ムル所アリテ記サントシ、花ノ部ニテハ五十音ノ原ヲ正シクシ仮名文字ノ数ヲ増サントス」と記されているように、「かなのくわい」は根本のところで異なった原理に依拠していたので、実際上は一致しえず、統一的な機関紙を発行することなく、別々な雑誌を刊行していかざるをえなかったし、結局は解散の道をたどることになる。

しかし、ともあれ仮名国字論で団結した「かなのくわい」は、その目的を果たすための検討課題をまとめた。それは、①仮字の字体の整理　②平仮名と片仮名との優劣　③仮名の活字の改良　④仮名遣いの改定　⑤詞の分かち書きと文章の符号の改良　⑥仮名文の縦書き横書きの可否　などであった。

いざ実際に動き出すと、やはり思うように事は運ばなかった。文字利用もさることながら、主として仮名遣いや文法をめぐって対立（国文の粋、動詞の働き、泰西諸国の文法の移入、言文一致などの問題をめぐって意見が錯綜）、守旧派・開化派などの立場にわかれ、後者はさらに分裂するなど、いろいろな思惑も絡み合って四分五裂していき、「仮名文は其までなりと絶叫する至りなり」という状況に陥ったという。結局、言文一致を全面に掲げ、複雑な仮名遣いや文法の改編を唱える開化硬派、あくまでも従来の表現に固執する守旧派、偏固にして実用に乏しき旧文法には従いがたいが、旧式も成るべく破らないようにと主張する穏和派が鼎立することとなる。ここでいう守旧派は、右の規則四条にみた「月ノ部」、開化硬派は「雪ノ部」、温和派は「花ノ部」に該当するものであり、これら、月・雪・花ノ部はそれぞれに事務所を異にして相会するようになった。しかし、このように分かれては宜しくないということで、団結するために有栖川宮を会頭に、また鍋島侯爵を会頭になど、これまたなかなか統一をみることならず、やがて解散していった。

そのあたりのことを含めて、久米邦武はこの会の動向を以下のように記している。この「かなのくわい」は、開化主義の人びとによってつくり出されたけれども、実態は旧習の中心に座していた国学者・歌人・神道家がその中心であった。また、とくに築地の活版製造を行う平野富次がその業を盛んにするためには漢字活字が煩雑であることを憂い、このままではこの業の発達は望みがたい、早く純仮名に改めたいという意見に肥田浜五郎が同意し、丹羽雄九郎がそれを推薦したことで、彼らが発起人となれば師範学校諸員が賛成し、当時の大蔵卿松方伯も深く同意したことで開始した。彼らは「仮名を我物顔にして、常に漢字梵語を敵視」していたという。ともかくも、まずは漢字を排除、その後、「泰西語」をも排除する剣幕であったという。久米のことばによると「仮名の会が漢語梵語はいふに及ばず、世界万国の語を網羅し、仮名を以て聯綴する鋼鉄鏈の製造場を起さんと協立したるならば、天晴なりけれど、かなのくわいとて、漢字を排斥する卑怯の主義なりしは哀れなり」とし、「此会には色々の人集まり遂に月雪花を分ちて争ひつゝ草臥れたれど、初起の原因は活版の不便が引火線となれり」と久米はまとめ

た（久米「文学論」『久米邦武著作集』）。

発端はどうあれ、「かなのくわい」の創設展開は、それ以後の「国語」に関わる多くの問題（仮名遣い・言文一致・文法など）を析出するものでもあったことをみておこう。こうした「かなのくわい」の一方の極に「羅馬字会」が並立した。

「羅馬字会」の発足

仮名国字論者の団結につづいて、ローマ字を国字にしようという論者の団結が起きる。その中心となったのは、明治十五年（一八八二）の矢田部良吉の「羅馬字ヲ以テ日本語ヲ綴ルノ説」（「東洋学芸雑誌」七・六号）、外山正一の「羅馬字を主張する者に告ぐ」（「東洋学芸雑誌」三四号　明治一七）らの仕事であった。とくに外山は「かなのくわい」にも関わり、「漢字を廃すべし」「漢字を廃し英語を盛んに起こすは今日の急務なり」といい、漢字廃止を強く呼びかけた。

ともあれ、明治十八年一月十七日、外山正一・山川健次郎らによって「羅馬字会」は設けられた。久米によるとこの会の主要構成員は、「泰西学者」と在寓の「泰西人」であったという。彼らの主張は、①漢字を廃し英語を盛んに起こすこと　②「支那の臭気」を脱するために漢字を廃しローマ字を採用すること　③漢字を廃するために漢学を廃すること　④「盛ニ西洋ヨリ移シ来ル諸学術上ノ語ヲ飜訳スル如キ難事ヲモ避ル事ヲ得ベシ」などである。そして、明治十八年二月三日、四〇名からなる書き方取調委員会発足、同二月十九日、つづり方を決定公表（ヘボン式）、同年六月、機関紙「ROMAJI ZASSHI」第一号を発行（明治二五・一二・一〇 第九号まで）している。彼らの主張に対して「其字を以て漢字仮名を撲滅せんと謂うは、猶或る学者が、人種改良の論を唱へて日本を白皙碧眼人になさんと謂しと一対の笑柄（わらいぐさ）なり」と久米は酷評している。

いずれにせよ、この会の主張は、「漢字に通ぜざる呻吟」であったという。当初は欧化思想の流行も手伝って一定の拡がりをもったが、その後に訪れた反動とともにその姿は後景に追いやられていった。

以来十年余、内部分裂により大きく後退した「かなのくわい」、その一方で「羅馬字会」の活動は潜行していく。この間、文字・文・ことばをめぐる議論・論争は、政治・社会・経済・宗教・文化などの大変動の中をくぐり抜けていく過程で、それらの問題とも複雑に絡み合いながら展開していく。そのときの状況を久米は、「儒教漢字にて成りたる社会に基督教羅馬字の風俗が衝突したる騒ぎなりとす」といいあらわしているが、文字論争の波紋の大きさを知ることができる。

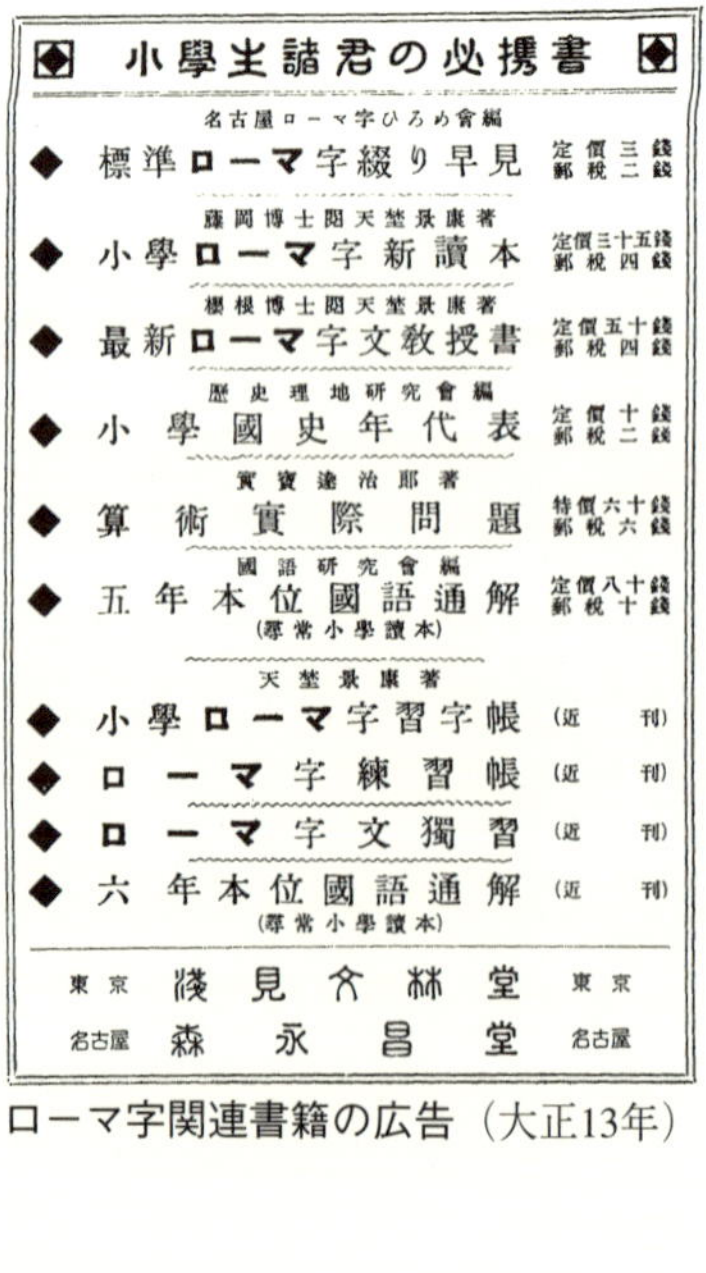

ローマ字関連書籍の広告（大正13年）

HYÔJUN
RÔMAJI JOSHI TOKUHON

I NO MAKI

Bungaku Hakushi
SHIMODA JIRÔ SENSEI JOBUN
KAWAZOE KAICHIRÔ ARAWASU

標準ローマ字女子讀本
一の巻

TÔKYÔ
ÔKAMURA SHOTEN HAKKO
1925 NEN

RÔMAJI JOSHI TOKUHON 1　　33

DAI 29

Onna no Ryûgakusei

Nippon no onna de, hajimete ryûgaku wo shita no wa, ima kara 1350 nen bakari no mukashi, Yômei Tennô no 2 nen ni, Zenshinni to iu hito ga Shina e ryûgaku shita toki da to iwarete imasu. Sono toki, Zenshinni wa 15 sai datta sô desu.

Meiji 4 nen, Ueda Tei-ko Joshi hoka 4 nin no fujin ga, Iwakura Taishi ni shitagai, Amerika e ryûgaku shita no wa, nadakai dekigoto no hitotsu desu ga, sono toki ichiban toshiue no Ueda San ga 16, ichiban toshishita no Tsuda Ume-ko San wa, wazuka 8 sai no komusume datta sô desu.

Tsuda San wa 13 nenme ni Nippon ni kaeri, sonogo Joshi Eigakujuku wo hiraite, Nippon no joshi-kyôiku no tame hatarakaremashita.

Joshi Eigakujuku wa, ima mo Nippon ni okeru chikara aru joshi-kiyôiku kikan no hitotsu ni kazoerarete imasu.

岡村書店の『標準ローマ字女子読本』（大正14年）

ローマ字運動その後

明治十年代末以降やや文字の議論から遠のいたかにみえた洋字の動向にもふれておこう。ローマ字会もいろいろ問題をはらみつつも、ローマ字への関心は徐々に根を下ろしていったのを知ることができる。やや時代は下るが、大正期に入って初等教育への導入の動きが表面化してくる。

『小学ローマ字新読本』（大正一三　浅見文林堂　天埜景康著　価三五銭）の嘉納治五郎の序文（大正一二）をみよう。嘉納は、国際間の激しい競争に対して国民の実力をつけなければならない、そのためには教育の改善、とくに国語教育の改善が重要だとしたうえで「最も有効に国語を教へるには、便利な国字を有することが必要である。しかるに、今日の我が国字は漢字と仮名であるが、これを学ぶにも多くの苦労を要し、これを使うにも多くの不便がある。前から私は国字問題について種々考へた結果、ローマ字を用ひて国語を書くのが、実行し得べき最良の方法であると認めた」「学ぶにたやすいローマ字を教へてだんだん年月を経た後には、ローマ字は広く国内に用ひられ、親も子もローマ字で通信することも出来、世の中にはローマ字で書いた書物が多くできるやうになり、古典や旧記も、法制や文学も、新聞や雑誌もローマ字で書きあはされる時代が来るであらう。さうなった以上は、完全にローマ字を採用することが出来る。その時には、特殊の書物を読む人だけが、漢字や仮名を学べばよいことになると思ふ」という。

そして、本書の末尾には「小学生諸君の必携書」として、多くの関連書の広告が載せられている。同様に、女子用のテキストも編まれている。『標準ローマ字女子読本』（川副桂一郎著　大正一四　岡村書店　定価二二銭）の序には下田次郎の「すすめの言葉」が配されている。「此の読本は、面白く、たやすく、又習って居る中に追々と上手になって、いつのまにかローマ字の読み書きが自由に出来るように、うまく出来て居る。女子が此の本に依って一日も早くローマ字になれて、之を日常の生活に利用せられることを望みます」と記されている。同じく、本書の末尾には、岡村書店が発行している多くの「英語参考書類」が示された。

大分脇にそれてしまったが、幕末維新期から活発に行われた文字をめぐる議論に関して、現在にいたるまでの方向を示唆した人がいる。久米邦武である。その久米の発言を記して本章を終えよう。

余は断言す。漢字全廃論は到底行はるべからざる空挙なり。漢字省減論は少し堅確の志ある人はこれをなすに難からず。文明の進みには事物の増加ます〲盛んになれば実名字はこれに伴はざるを得ず。是漢字の包みうる所ならず。日本語の包みうる所ならず。仮名にて不可ならば羅馬の仮字も用ゐるを妨げず。今の国語に不足なるは活動字にあり。詳言すれば営業社会に相交はる言語に其運動を詳明するに用ゐる語の乏しきにあり。国字の改良は此に用点を存す。余が如き営業社会に疎遠なる者は此問題に向ひ希望を満足せしむる見解なし。されど漢字の得失に於ては少年より聊学得したる所あれば、其概略を論述して論者に告るはあながち無益にあらざるべし（「国字改良論」）。

第三章　文字雑談

そもそも文字にはどのような歴史があるのだろうか、あらためて文字に関する歴史的雑談をしよう。

（1）漢字の歴史

文字の種類

文字を分類するときの基準はいろいろあるが、その一つを示そう。

表意文字：表語文字ともいい、一字ごとに一定の意味ならびに語音をあらわすもの

表音文字：一定の音のみをあらわすもの

に分けられ、歴史的には表意文字が古く、表音文字が新しいとされている。

表意文字には漢字・エジプトのヒエログリフなどが、表音文字にはローマ字・平仮名・片仮名・ハングルなどがある。

また、日本で使われた文字に絞ってみると、漢字（真名）・万葉仮名（真仮名）・片仮名・平仮名などがあり、そのほかにも神代文字・梵字・ローマ字なども登場する。

音について

導入された文字はどのように発音されたのだろうか。一つの文字でも地域によって異なっていた。もっとも早く伝わったのは漢代の頃の音だという。おそらくは『魏志倭人伝』などに反映していたであろうといわれるが、現在では消滅しているという。

七世紀以前、現在の上海・南京地方で発音されていた音は「呉音」といわれ、『古事記』『日本書紀』などに体現しているという。やや時代が下り、「漢音」といわれる唐の長安・洛陽付近で発音されていたものが、八世紀半ば以降に伝えられ普及していった。

さらに鎌倉時代以降、宋・元から伝来した「唐音」と呼ばれるものもあるが、現在、私たちが日常用いているものと関わるものは「漢音」と「呉音」である。漢和辞典で字をひいてみると、それぞれの漢字の下に「漢」・「呉」などと記されているのがそれである。たとえば、「蜂・生」という文字の下に「漢　ホウ・セイ」「呉　フ・ショウ」と記されているが、これがここでいう「音」であり、このように一漢字に漢音と呉音での読み方が併記されていることが多い（小松茂美著『かな』岩波新書　一二頁の表）。

漢字の変遷

中国で発達した表意（語）文字である漢字は、すでに、殷王朝の末期頃（紀元前十一世紀頃）約三〇〇〇種ほどもあったという。主として亀甲獣骨に占いの記録として書き残されたものといわれ、一般に甲骨文字と呼ばれているものである。そして、その三〇〇〇種のうち約一五〇〇種が解読されているという。それらの中には、

象形文字（人・山・川など）

会意文字（好・休など）（二字以上の漢字の字形・意味を合わせてつくられた文字）

形声文字（鶏・鳳など）（音をあらわす字と意味をあらわす字とを合わせてつくられた文字）

などもみられるという。

周代（紀元前十一世紀以降）に入ると、殷で使われていた甲骨文字を全面的に吸収し、さらに充実させながら国家の体制づくりを遂行していく。そして、官職や機構を整えていくが、それらの名称は漢字で定められていった。文字どおり、漢字を土台にして王権と制度とがつくられ定着していった。周代に

漢字の創始者

「蒼詰」が漢字を創始したという。文字を「創始した賢者」として後世の人がまつりあげた架空の人であるが、長いあいだ、文字の創案者としていい伝えられてきた。江戸時代の往来物などには、文字について述べるとき、しばしばその「蒼詰」が登場する。本書九〇頁の図に示されているように、彼は、浜辺に出て、鴈が飛び去った後に残された足跡をみて文字を考えたという。文字のことを「鳥の跡」というのは、これによると記している（一三六頁参照）。

つくられた青銅器には銘文が記されているが、そこに記されている文字を「金文」という。また、周末（春秋戦国）時代（紀元前八～五世紀）、各地で使用された文字を「大篆」（だいてん、古文）というが、いずれも殷の甲骨文字を継承したものであった。

秦の始皇帝（紀元前二二一年頃から）の時代になると、それまで各地で用いられていた文字の統一が図られていく。このようにして定着していったのが、「小篆」といわれる字体であった。

漢代（紀元前二世紀以降）に入ると、下級官僚（隷吏）たちは戸籍や出納を書き記すために「小篆」をより簡略化していく。こうして編み出された字体を「隷吏」にちなんで「隷書」という。漢の末期になると、その「隷書」をさらに直線化した「楷書」が登場した。

三国・六朝時代（三世紀～）になると、楷書をくずして書いた「行書」「草書」が流行、三体（隷書・楷書・行書または楷書・行書・草書）という書体が一組となって習字（書道）が勃興した。

時代が下るにつれて、政治・社会・経済・文化状況の変化に呼応して、漢字も変化していく。いうまでもなく、生活が多様化するのに伴い必要な語彙も豊富になり、文字数も増加の一途をたどっていく。

体系化された辞書をみよう。十二世紀、北宋の『集韻』には五万三〇〇〇字が、清朝の『康熙字典』（一七一六年成立）には四万七〇〇〇字が収録されている。この頃になると、字数が多いことや筆画が難しく、読書人（一部の文字を扱う人、官吏や学者など）以外は手が出せないような状況であった。

宋・元（十一～十三・四世紀）の頃、庶民文学や「語録」が流行するようになると、多くの「宋元略字」

が登場した。こうした傾向は、それに続く明の白話小説（庶民間に興こった俗語による小説）に継承された。当時行われた簡略化の一端を示してみよう。「醫・當・學」などの略字「医・当・学」はこの頃にあらわれ、このように簡略化されたこれらの文字は、すでに江戸時代に日本にも導入されている。

このような経緯を経ながら、二五〇〇年来、読書人の専有物であった漢字は庶民も手中にできるようになり、現在にいたる。

（2）諸国への漢字の波及

周辺の国では

〔日本では〕

日本に漢字が入ってきた頃には、中国ではすでに篆書・隷書・楷書とともに草書体の文字も用いられていた。一〜二世紀頃、漢字の遺品が発見されており、早くは、この頃から漢字文化が流入したとも思われるが、当時の日本人がそれを理解し読みこなしていたとは考えられないようである。意識的に学びはじめたのは、帰化人が集団で来朝した四世紀頃からといわれる。五〜六世紀、いわゆる倭の五王の頃になると、大和朝廷の権力確立のために中国江南の東晋などの権威を借りようと、盛んに使者を送り、その導入を推し進めた。

日本は、漢字文化、とくにそれの上に組織された行政機構に早くから注目していたために、七世紀はじめ、それらを具体化して「十二階冠位」「十七条憲法」の制定、さらにまた、中国の政治体制（律令国家体制）をまねて「律令」が制定された。このように制度や文物を学び運用する必要から、官人を中心に漢字が習得されるようになる。とくに末端の役人は、戸籍出納を記録するため略式表記を編み出していく。たとえば、止利を「トリ」のように。また僧侶たちは講説をメモするために、阿―ア、伊―イのような略字を考案していく。やや遅れて、主に貴族の女性が消息や歌文を書くために草書体をもとに、安―あ、以―いのような平仮名が考え出されていった。このように日本に導入された漢字は日本的特性をもって展開していく。

〔ヴェトナムでは〕

漢代から漢文化の波は押し寄せていた。十三世紀以降、中国式官僚制をまねることになって、初めて本格的に漢字・漢文が士人のあいだに根を下ろしていく。十四世紀、漢字を組み合わせた字喃（チュノム）がつくられたが、筆画が複雑で普及しなかった。

〔朝鮮では〕

五世紀に百済が、六世紀に新羅が中国の官僚制をまねるにつれて、漢字文化が導入された。十世紀、高麗朝が科挙と官制を導入したことで、漢字が両班官人たちの知識に不可欠のものとなる。十五世紀李朝のとき、朝鮮文字が制定された。一般には諺文（オンモン）と呼ばれたが、漢字に比べて卑俗文字だという観念が抜けなかった。しかし、それは独立後、ハングル（大いなる文字）として、初めて漢字に代わりうる民族文字としての地位を確立した。

このように漢字の導入・普及については、その後の歴史をみていくと、日本における展開の仕方には他の隣接の国との比較でみると独特のものがみられる。ひとたび導入した漢字を駆使していく過程で、いろいろな手を加えながら自らのものとしていく、その何ともいえぬ巧みさが日本にはあったようにみえる。その鍵は仮名文字の考案であった。さて、ではその日本的特質とはどのようなものであったのだろうか。しばらく日本における漢字の変遷を追ってみよう。だが、その前にいま一つ、中国語と日本語との違いについてひとこと述べておこう。

中国語と日本語

小松によれば、中国語と日本語とのあいだには根本的な違いがあるという。中国語は、一音節で独立した一語となる。また、文法的にみると動詞や助動詞などに活用というものがない。それに対し、日本語は多音節語といわれる。一音節で一語となるものもあるが、多くは二音節以上で一語をつくる。しかも動詞・助動詞は活用する。また、言語の形態分類によれば、前者中国語は「孤立語」、後者日本語は「膠着語」とされるものであるという。例示すると、漢文では「我与君」と書くものが、日本語では

「われ（我）はきみ（君）にあた（与）える」のようになる。このような両者の違いが、「同じ」漢字からスタートとしても、長い歴史的経緯の中で大きく距離が開いていったのである。その意味でも、文字の歴史をみていくにあたっては、「音」と「語」（ことば）とが不可分に結びついて展開してきていることを忘れてはならないだろう。

（3）日本における文字の変遷

「万葉仮名」＝「真仮名」

中国から漢字が導入されたが、それがただちにそのまま用いられたのではない。漢字を用いて日本語を表記するには、それなりの工夫が必要であった。その工夫の成果が、万葉仮名といわれるものである。すなわち、漢字の字音や字訓を用いて、日本語を表音的にあらわすために用いられた文字のことをいう。したがって、万葉仮名とは用法上からは仮名の一種で、漢字本来の表意的な使い方とは異なるが、文字の形としては漢字である。このような転用は、日本の古代の人びとが生み出した大きな成果であった。だから「仮名」とはいっても、漢字を省画化した片仮名や略草化した平仮名とは異なるものである。奈良時代以前の「漢字」をもっぱら用いていた時代には、「仮名」といってもこの類の「仮名」に限られていた。

このような万葉仮名を用いた最古の遺品は、五世紀半ばから六世紀はじめにかけての金石文である。たとえば、埼玉県稲荷山古墳出土鉄剣銘、熊本県船山古墳出土太刀銘、隅田八幡神社人物画像鏡銘などにみられる。七世紀末から八世紀はじめ、藤原宮跡出土の木簡で貢進札（貢ぎ物を献上するときにつけられた札）などに調・贄などが記されているが、その物品名にこの類の「仮名」が用いられているのがわかる。たとえば、「佐米」（鮫）、「須々岐」（鱸）などの音仮名表記、また、「卿爾（ニ）受給請欲止（ト）申」のように、助詞などにも用いられている。

八世紀初に記された『古事記』や『日本書紀』などは、これらによって編み出されたものである。やや時代が下り八世紀半ば以降に成立する『万葉集』では、漢字の音を（一字一音）日本語にあてはめて歌が詠まれるようになった。こうした方法が頻繁に行われ、かつその種類も多くなっていった。このように用いられた文字を後世の人は「万葉仮名」と呼ぶようになる。だから、漢字を「真名」というのに対して、万葉仮名を「真仮名」と呼び、平安時代、平仮名・片仮名が成立した後も、万葉仮名は「真仮名」として歌謡や記録体の中の歌、唱え歌、古辞書、音義の和訓などに用いられている。

繰り返していえば、万葉仮名とは、当時の日本語をあらわすのに漢字の音を借りてあてはめていく、一種の漢字の転用である。これは平仮名発生以前のもので、しかも書体は楷書体であった。大野晋の研究によると、『古事記』『日本書紀』および『万葉集』に用いられた「万葉仮名」は九七三に及ぶという。しかし、同一音に複数の漢字が幾通りにも使用されているので、「音」はそう多くはない。音で整理すると八七になるという。また、江戸時代の国学者本居宣長（一七三〇～一八〇一）は、当時の「万葉仮名」は、すでに清音と濁音とを書き分けていたことを発見しているという。

このように、漢字を用いて日本語を書きあらわすことは大変な作業であったことがうかがえる。ともあれ、いわゆる「仮名」（かな）といわれるものが考案されるまでは、漢字の音を一つずつ選んで日本語にあてはめていく作業が続いた。

「かな」・「平かな」という呼び名

「仮名」「かな」という呼び方は、「かりな」から転用したものであり、「かりな」の「な」は文字を意味している。この「かりな」（仮字）という言い方は、漢字を正式な文字と認め、それを「まな」（真名・真字）と称するのに対応したいい方であり、そしてまた、正式ではない略式であるという考えによる。

万葉仮名の成立

《最古の万葉仮名文―七世紀半ばの木簡に　成立三〇年早まる》（朝日新聞　二〇〇六・一〇・一三）の記事をみよう。大阪市中央区の難波宮跡で、万葉仮名文が記された木簡がみつかった。出土した木簡の片面に墨で「皮留久佐乃皮斯米之刀斯」の一一文字が書かれていた。一二字目をわずかに残して、下部は欠けた状態だった。「はるくさ（春草）のはじめのとし」と読むことができると指摘されたこの木簡は、一緒に出土した遺物から七世紀半ばに記されたものと確定できるという。これまでの研究では、万葉仮名の成立時期は、七世紀末から八世紀にかけて頃だといわれているが、この一件はその歴史を塗り替えていくことになるのだろうか。

なぜ「平かな」と呼ぶようになったのだろうか。「平易なかな」（『本朝字源』）または「貴賤男女平均に用いられるかな」（『和字大観鈔』）などと記されている記事にその発端を探ることができそうだが、はっきりとしたことはわからないという。なお、「かな」という呼び名がみえるようになるのは、現存する史料では『宇津保物語』（九七六～九八三成立）であるという。

平仮名の誕生

平仮名は、万葉仮名の草体を極度に簡略化してつくられ、九世紀頃から急速に発達していく。ことに宮廷の女性たちが、消息や歌文などを記すために多く用いられたことから「女手《をんなで》」と呼ばれるようになり、九世紀末から十世紀前半には文字体系として成立した。この頃には、平仮名で書かれた文献が多数生まれている。『古今和歌集』『土佐日記』の成立もこの頃であった。また、同時に平仮名については、当時の貴族の中で書道の美的鑑賞を目的とした流麗な書風の発達がみられた。現在では、現行平仮名字体以外のものを「変体仮名」（次頁の表参照）と呼び区別している。

長いあいだ、平仮名の作成者は弘法大師（空海）であるという説がかなり広く浸透していたようで、江戸時代の往来物などにもしばしばみられる（九〇頁の図『世話字往来』の巻頭を参照）。こうした空海説は、『江談抄』に述べられていることから流布したという。それはともかくとして、特定の個人の手によるものではなく、多くの人びとの手によって、時間をかけて整えられてきたものであるといって

変体がなのいろいろ

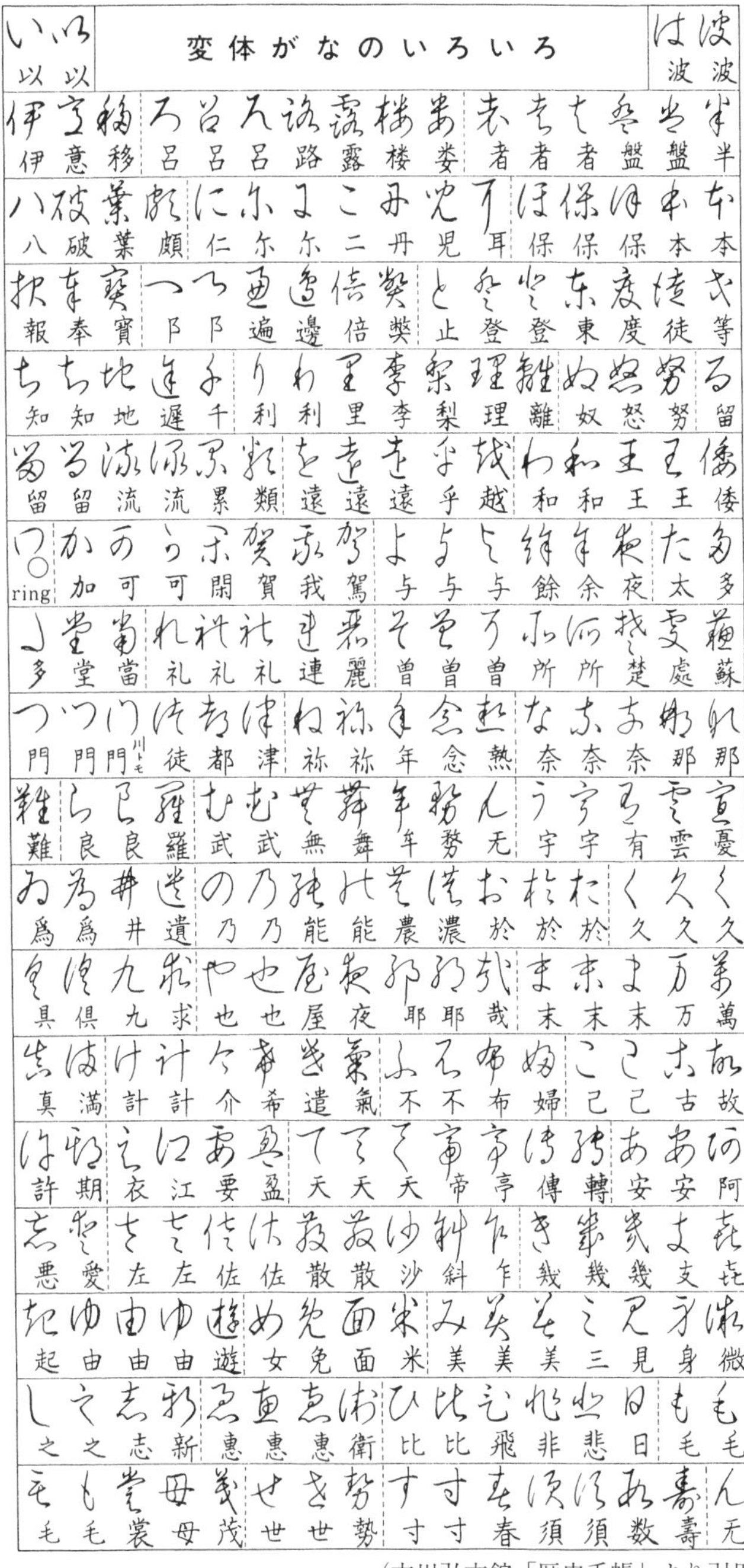

夜は「よ」「や」の両様に使用　志(悪)は「あ」「を」の両方に用ふ

山本舜山選書

(吉川弘文館「歴史手帳」より引用)

よいだろう。また平仮名は、片仮名に比して、その成立当初から漢字の世界から離れた私的な場で使われることが多かった。

片仮名について

片仮名は、古くは「かたかんな」といわれていた。「片」は、「片輪・片言」の「片」と同義で不完全・不充分とか未熟といった意味に由来する。なぜなら、片仮名は、成立過程において、文字としてではなく符号として使われたり、漢字の一部分を取って成ったということに基因するからであろう。漢字の偏旁を省略してつくられた文字であるともいわれるが、その淵源は、本来の漢文の中での漢字の字画省略の手法からはじまったものといってよいだろう。中には、すでに中国でつくり出され使われていたものに日本独自の省略を行っているものも少なくない（中国では銅―「同」、鏡―「竟」など）（正倉院文書から、「寸」（村）、「ム」（牟）、「夕」（多）など）。

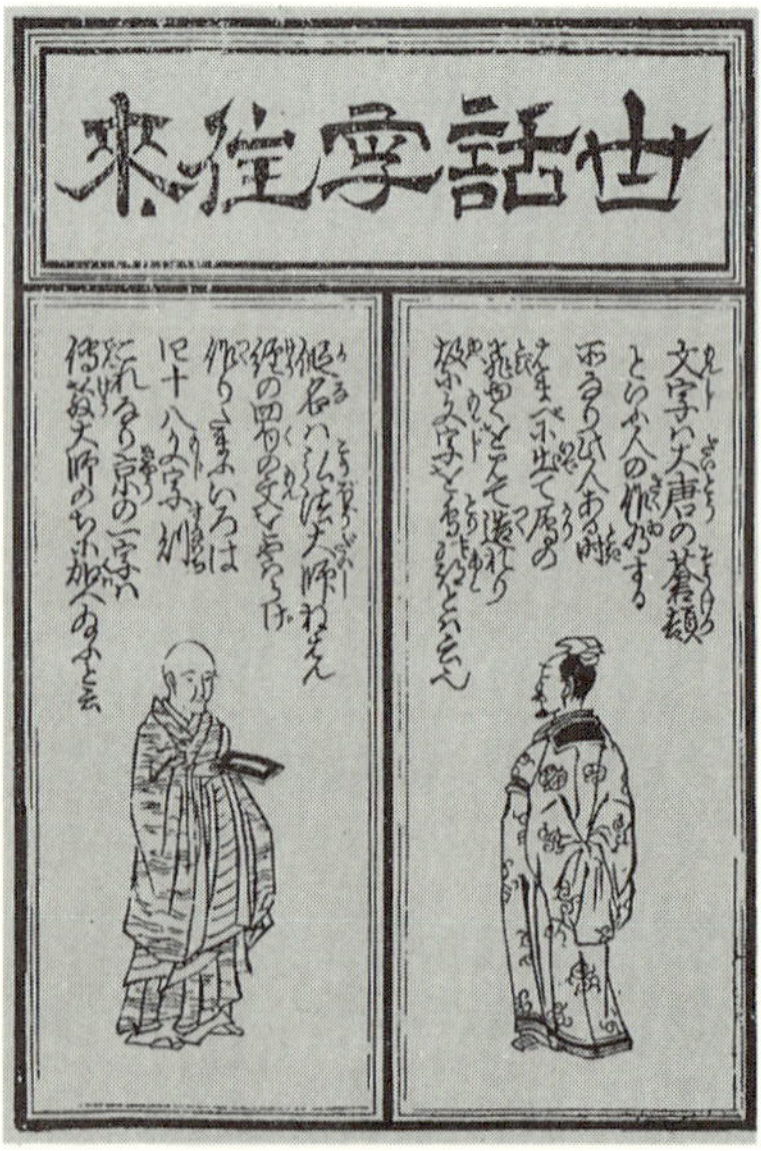

『世話字往来』の巻頭

仏典などでは、同じ文字の反復や画数の多い語彙などに対していろいろな工夫が行われた。省文《せいぶん》（省字・抄物《しょうもつ》書き）といわれるものである。たとえば、菩薩―𦬇、菩提―𦬆、懺悔―忄忄、醍醐―酉酉、瑠璃―王王、琵琶―比巴などが知られる。また、合字もみられる。金剛―釗、西仏―佡、伝法灌頂《でんぽうかんじょう》―伝汀などもある。多くは、速書きの必要性から、あるいは同じ文字の反復の煩雑さからの回避がこのような省略表現を生み出したのであろう。それゆえに、正式の文書や儀礼的なものには用いないのが普通であった。

また、僧侶たちが仏典の講義を聴きながら訓読を覚えるため、テキストの行間や字間などに万葉仮名（真仮名）を省略して、ふりがなを書き入れる方法をとる場合もあった。それは、狭い箇所に小さく書けること、かつ字画が少なく速書きが可能であることが要件であった。このような条件のもとに片仮名は生まれた。はじめのうちは個人個人によって違いがあり、多様な符号や記号があったに違いない。時代が下るにつれて「よい」ものが共通のものとして位置づいていったのであろう。

表音文字で、もとは漢字の一用法であった万葉仮名の字画の一部分を省略してつくられた片仮名は、一般に一字一音節であるが、シャ、フィのように二字一音節を表すこともある。字数は、現在は四八種。現行のように定められたのは、明治三十三年（一九〇〇）施行の小学校令施行細則によって統一されたものである。

それ以前には、子（ネ）、マ（マ）、井（ヰ）のような片仮名が使われていたが、右の細則ではずされた。したがって、はずされたこれらの文字を異体字という。そのほかにヒ（トモ）、ト（トキ）などの合字もある。また、漢文の訓点、漢文と片仮名との交用文、ときには平仮名との交用が行われることもある。

日本固有の文字「神代文字」について

古代、漢字が移入される以前に日本には文字がなかったのだろうか。多くの人びとはこの問題にも少なからず関心をもっていた。たとえば北海道の手宮洞窟の刻跡が、一時、日本固有の文字ではないかと取り沙汰されたこともあったが、結局、その刻跡は文字とは確認されていない。

中世以降、近世末にいたるまでかなり騒がれたものに神代文字《じんだいもじ》といわれるものがある。神代文字があったという考えが生まれたのは鎌倉期にさかのぼる。鎌倉中期の神道学者である卜部兼方（生没年不詳。名懐賢《かねかた》。その著『釈日本紀』において聖徳太子の国史編集のとき神代文字が漢字に書き換えられたと記す）らにより、神道を鼓舞する立場と結びついて主張されるようになる。下って南北朝時代の忌部正道（生没年不詳）は、神代文字は象形であるとしている。その後、一時影を潜めたこれらの考えも、江戸時代に入ると再燃する。江戸中期以降、平田篤胤（一七七六〜一八四三）はその存在を主張し、神代文字についての議論を推し進めていく。「実物」を提示し、その存在を示したのが平田の『神字日文伝《かんなひふみでん》』であった。平田は、「日文《ひふみ》」（五つの母音と十の子音を表す単音文字の組み合わせ）を著したが、それは十五世紀半ばに考案された朝鮮の「諺文」（オンモン、のちにハングル）によるものではないかといわれている。

これに対し、落合直澄（一八四〇～九一）の『日本古代文字考』は、神代文字が存在したことを述べるために、存在説十二種を集めているが、その字母配列は十世紀はじめの『先代旧時本記《ママ》』（一〇巻）という偽書にある神話の順によっているもので、信ずるにたりないという。

また、伴信友（一七七三～一八四六）は、「神代字弁」で新井白石（一六五七～一七二五）の「同文通考」や榊原芳野「文芸類纂」などを検討し、その存在・非存在、いずれの説にも疑問を残したような発言をしているという。

平田篤胤の日文（上が第一文、下が第二文。『神字日文伝』より）

こうした動向に対して、貝原益軒（一六三〇～一七一四）・太宰春台（一六八〇～一七四七）・賀茂真淵（一六九七～一七六九）・本居宣長（一七三〇～一八〇一）らは、「神代文字」存在説を批判し、その存在を否定した。

さらに、明治から昭和にかけて、国粋的な立場でこれらの議論をもち出す者もあったが、神代文字を日本固有の文字として学問的にその存在を認める学者はいない。否定論者の代表は山田孝雄の「所謂神代文字の論」(「芸林」四・一〜三)で、神代文字論の沿革を展望し、標本資料の点検を詳細に行い、非存在の断を下した。

現在では、神代文字は存在しなかったという結論が出されている。ただ、注意しておきたいのは、このように漢字伝来とは別に日本固有の文字があったということが真剣に検討議論されていたということ、そして、それを提唱したものの意識は彼らの活躍した時代状況と深く結びついていることなどを含み込んで、日本における文字の歴史を考えていかなければならないということである。

和製文字(国字)の創作

時代が下り、社会が発展していくにつれて既存の文字や語彙だけでは不足していく。そのたびに、人びとは工夫を施し新しいものを創り出していく。その工夫の一端をみよう。一個または二個以上の既成文字を組み合わせて異なった意味の新しい文字をつくる方法を「会意」といい、そのようにしてつくられた文字を「会意文字」と呼ぶ。その場合、同じ文字を二個またはそれ以上組み合わせたものを「同母会意」という。たとえば「炎」「林」(二個の場合)、「轟」「晶」(三個の場合)などである。また異なっ

漢字にも「方言」？

《漢字に方言「地域文字」》（朝日新聞　二〇〇七・四・一六）という記事が目にとまった。話し言葉に方言があるように、漢字にも「地域文字」があるという記事である。その多くは、日本でつくられた和製漢字「国字」である。国字は一万字近くあるという。江戸中期の儒学者新井白石は、「日本でつくられ、漢籍にはみられず、訓しかない字」と定義した。「峠」「畑」「働」などが知られている。また、地名には地域特有の文字があることも指摘された。事例として示されたのは、「泻《かた》（潟）」（新潟県や秋田県）、「雈（鶴）」（山形県鶴岡）、「杁《いり》」（名古屋市）、「椥《なぎ》」（京都市）、「圷《あくつ》」（茨城県）などである。

このような文字が維持されていることは、文字がいかに人びとの生活と不可分に結びついているかということを語るものであろう。しかし、残念なことに、最近の町村合併も手伝ってか、このような「趣」のある文字や地名がどんどん姿を消していっている。

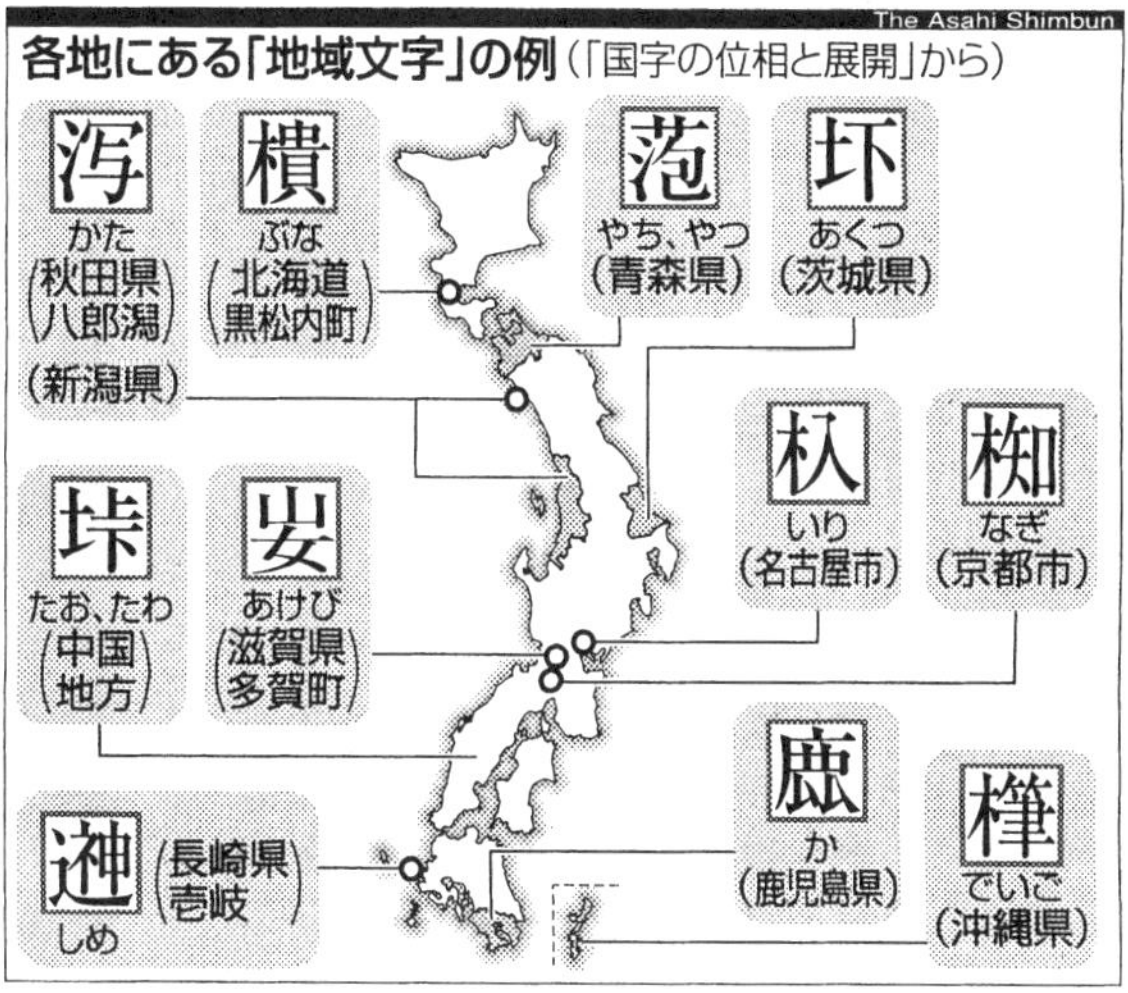

た文字を組み合わせた「異母会意」には、「明」「古」(合体会意)、「孝」「義」(省体会意)などがある(『漢字起原の研究』語言研究会編　昭和九)。

漢字導入後の日本においてもこのような方法を用いて多彩な文字がつくられた。いわゆる「国字」といわれるものである。例示すると、畠・畑・辻・峠・裃・躾・凪・糀・鰯・榊などである。たとえば、「躾」という字をみよう。「身」と「美」の組み合わせである。仕付けるということは、身を美しくすることから、このような文字がつくられたのであろう。こうみると、「国字」にはなかなか趣のある文字が並ぶ。このようにしてつくられた和製文字の特徴は、「訓」のみで「音」はない。

第四章　当用漢字・常用漢字

あふれるような文字に関する記事を眼にするとき、しばしば「当用漢字」とか「常用漢字」という語に行きあう。当然のことのように登場するこれらはいったいどのようなものなのか、まずはその大枠をみたうえで、その歴史的経緯を追いながら双方の関連をみよう。

手許にある辞書を開こう。

当用漢字とは「一九四六年国語審議会の答申に基づき政府が告示した〈当用漢字表〉に載っていた一八五〇字の漢字。現代国語を書き表すために、日常使用される漢字の範囲を示したもの。のち一九四八年当用漢字音訓表・当用漢字別表（教育漢字）、一九四九年当用漢字字体表などが定められたが、一九八一年新たに常用漢字表が告示され、ほとんどその中に取り入れられた」（『大辞林』）。

常用漢字とは「①一九二三年文部省の臨時国語調査会が漢字制限を目的として、〈常用漢字表〉で指定した一九六二字の漢字。以後、何度かの改定が行われ、一九四六年の〈当用漢字〉へと引き継がれた。②一九八一年内閣が国語審議会の答申を受けて告示した〈常用漢字表〉に記載される一九四五字の漢字。

一般の社会生活で用いる、効率的で共通性の高い字種を、漢字使用の目安として掲げる」（『大辞林』）。

このようにその概要が記されている。これをみると、「当用漢字」と「常用漢字」とが交差しているのがわかる。そのあたりの関係を意識しながら双方の絡みと変遷を年表風になぞってみよう。

（1）漢字施策年表

一九〇〇年：小学校令改正。明治政府が行った大規模な漢字政策で、かな字体の統一、教育漢字数を一二〇〇字に制限、字音かなづかい（漢字の音の表記）の表音表記が出される（棒引きかなづかい）。

一九〇二年：国語調査委員会。漢字を全廃し、表音表記のためにローマ字か片仮名のどちらがいいか調べるという調査方針を掲げた。その調査方針を七月、次のように定めた。

一　文字ハ音韻文字（「フォノグラム」）ヲ採用スルコトトシ仮名羅馬字等ノ得失ヲ調査スルコト

二　文章ハ言文一致体ヲ採用スルコトトシ是ニ関スル調査ヲ為スコト

三　国語ノ音韻組織ヲ調査スルコト

四　方言ヲ調査シテ標準語ヲ選定スルコト

一九二一年：臨時国語調査会官制発布。漢字・仮名遣い・文体の調査が目的。
一九二三年：文部省の臨時国語調査会が漢字制限を目的として「常用漢字表」を指定（一九六二字）。
一九三四年：国語審議会（官制発布）。
一九四二年：国語審議会（六回総会）が「標準漢字表」（二五二八字）を答申。同七回総会で「字音仮名遣整理案」・「左横書き」の答申案。文部省は、反動勢力の反対を恐れ、国語審議会案を改定。
漢字の常用・特別の区別をやめ、字数を二六六九字に増加して公表。
一九四五年：文部省国語課廃止、事務は教科書局調査室に移る。国語審議会は、漢字制限の主査委員会を設置、国語協会・カナモジカイ・日本ローマ字会は国字問題解決案を協議、聯合司令部へ提出。
一九四六年：国語審議会が「当用漢字表」（一八五〇字）を答申。
一九四七年：文部省教科書局に国語課を設置（国語の調査・整理統一、ローマ字の調査、国語審議会についての事務を行う）。国語審議会一三回総会で、一字一訓を原則とする「当用漢字音訓表」八八一字の義務教育用「当用漢字別表」を決定。
一九四八年：国語審議会が「当用漢字字体表」（一八五〇字）を答申。また、「当用漢字音訓表」「当用漢字別表」（教育漢字）、司法省が「戸籍法」を改正、子の名付けに使える漢字を「当用漢字表（一八五〇字）に制限。

一九四九年：国語審議会は国語審議会令（七月五日）という政令にもとづく組織となる（文部省設置法により）。

一九五〇年：四月十七日に改正された国語審議会令で「ローマ字に関する事項」が調査審議・建議事項に加えられる。第一期国語審議会（一九四九・六～一九五二・四）の建議は以下のとおり（安田敏明『国語審議会』八四頁）。

・法令の用語用字の改善について（一九五〇・一一）

・人名漢字について（一九五一・五）

・公用文改善の趣旨徹底について（一九五一・一〇～五二・四　内閣から各省に依命通知）

・公用文の横書きについて（一九五一・一〇）

・これからの敬語（一九五二・四）

一九五一年：国語審議会が「人名漢字に関する建議」。九二字を人名漢字に建議し、「人名用漢字別表」として内閣訓令・告示。

一九五四年：国語審議会が「当用漢字補正案」を報告。

一九六九年：通商産業省が「ＪＩＳＺ８９０３機械彫刻用標準書体（当用漢字）」を制定。

一九七六年：人名用漢字問題懇談会が追加候補二八字を選定。内閣が「人名用漢字追加表」（二八字）を告示。
一九七七年：国語審議会が「新漢字表試案」（一九〇〇字）を報告。
一九八一年：国語審議会が「常用漢字表」（一九四五字）答申。一般の社会生活で用いる効率的で共通性の高い字種を漢字使用の目安として掲げる。学校教育でも、小学校で習う漢字は常用漢字から選ばれる。
二〇〇〇年：国語審議会が「表外漢字字体表」を答申。
二〇〇五年：文部科学相が、文化審議会に「情報化時代に対応する漢字政策のあり方」を諮問。その最大のテーマが常用漢字表の改定。

「改定常用漢字表」

「二〇一〇・六・七に文化審議会が文部科学相に答申。年内に内閣が告示する予定。一九八一年に〈常用漢字表〉が定められて以来、初の改定。現行の一九四五字に〈挨〉〈拶〉など一九六字を加え、〈匁〉など五字を外し、計二一三六字になる。憂鬱の〈鬱〉など手書きの難しい字や、よく使われるのに漏れていた〈嵐〉〈柿〉が入り、埼玉県の〈埼〉など府県名にある一一字も入る。〈怪しい・妖しい〉など異字同訓の用法も増える。〈しんにゅう〉は一点の〈進〉などと二点の〈遡・遜・謎〉が混在する。〈すべての漢字を手書きできる必要はない〉として、振り仮名の活用を提言する一方、〈漢字を手で書くことは日本の文化として極めて大切〉ともうたっている」（朝日新聞　二〇一〇・六・二六　「異議あり」）。

二〇〇九年：文化審議会が「新常用漢字表（仮称）に関する試案」（二一三一字）を報告。
　法務省が「人名用漢字別表」を改正（七七六＋二〇九字）。
二〇一〇年：六月七日文化審議会が「改定常用漢字表」を文部科学相に答申。

(2)「当用漢字表」の実施とその影響

漢字政策で大きな転換となった「当用漢字表」の実施状況をみておこう。
昭和二十一年（一九四六）に次のような内閣訓令が出された。

内閣訓令第七号　　　　　各官庁

当用漢字表の実施に関する件

従来、わが国において用いられる漢字は、その数がはなはだ多く、その用いかたも複雑であるために、教育上また社会生活上、多くの不便があった。これを制限することは、国民の生活能率をあげ、文化水準を高める上に、資するところが少くない。
それ故に、政府は、今回国語審議会の決定した当用漢字表を採択して、本日内閣告示第三十二号をもって、これを告示した。今後各官庁においては、この表によって漢字を使用するとともに、広く各方面にこの使用を勧めて、当用漢字表制定の趣旨の徹底するように努めることを希望する。

昭和二十一年十一月十六日　　内閣総理大臣　吉田　茂

これは「当用漢字表」に関するものであるが、同時に「現代かなづかい」に関する次のような訓令も出されている。

内閣訓令第八号　　各官庁

「現代かなづかい」の実施に関する件

国語を書きあらわす上に、従来のかなづかいは、はなはだ複雑であって、使用上の困難が大きい。これを現代語音にもとづいて整理することは、教育上の負担を軽くするばかりでなく、国民の生活能率をあげ、文化水準を高める上に、資するところが大きい。それ故に、政府は、今回国語審議会の決定した現代かなづかいを採択して、本日内閣告示第三十三号をもって、これを告示した。今後各官庁においては、このかなづかいを使用するとともに、広く各方面にこの使用を勧めて、現代かなづかい制定の趣旨の徹底するように努めることを希望する。

昭和二十一年十一月十六日　　内閣総理大臣　吉田　茂

ちなみに、これら訓令の漢字は、いわゆる「旧字体」が用いられている。訓令にしたがって出された「当用漢字表」には次のような「まえがき」がある。

「まえがき」

一、この表は、法令・公用文書・新聞・雑誌及び一般社会で、使用する漢字の範囲を示したものである。

一、この表は、今日の国民生活の上で、漢字の制限があまり無理がなく行われることを目安として選んだものである。

一、固有名詞については、法規上その他に関係するところが大きいので、別に考えることとした。

一、簡易字体については、現在慣用されているものの中から採用し、これを本体として、参考のため原字をその下に掲げた。

一、字体と音訓との整理については、調査中である。

さらに、この表の使用についての注意事項を記した記事が続く。

「使用上の注意事項」

イ、この表の漢字で書きあらわせないことばは、別のことばにかえるか、または、かな書きにする。
ロ、代名詞・副詞・接続詞・感動詞・助動詞・助詞は、なるべくかな書きにする。
ハ、外国（中華民国を除く）の地名・人名は、かな書きにする。
　ただし、「米国」「英米」等の用例は、従来の慣習にしたがってもさしつかえない。
ニ、外来語は、かな書きにする。
ホ、動植物の名称は、かな書きにする。
ヘ、あて字は、かな書きにする。
ト、ふりがなは、原則として使わない。
チ、専門用語については、この表を基準として、整理することが望ましい。

右にみた二つの内閣告訓に加え、少々時をあけた昭和三十四

魯迅と漢字

「魯迅が死ぬ前、もし漢字がなくならなければ、中国がなくなるだろう、『漢字滅びずんば中国必ず亡びん』と一九三五年に発言しています。当時の中国の知識人たちはそれを支持したわけです。漢字みたいなものがあるから自然科学が発達しない、子どもたちは漢字を覚えるのに時間を食ってしまって勉強を阻害されていると言われました。まあ魯迅は神様みたいに思われていた人でしたし、亡くなる前の発言ですし、みな魯迅の言うとおりだ、漢字はなくさないといけないという世論になりかけたんですよ」（『漢字・漢語・漢詩　雑談・対談・歓談』一海発言五〇頁）。

年（一九五九）七月十一日に「送りがなのつけ方」がまとめられた。この三つが揃ったことで第二次世界大戦後、新しいスタートを切った現代日本語の書き表し方の基準が確定した。また、最初の二つが発表された当時、日本はアメリカの占領下にあった。そのときの占領軍の意向の中には、日本語をこの際ローマ字化すべきであるという意見が強くあったという。とくに日本に来ていた教育使節団の中に（五六頁コラム参照）。

このようにみてくると、幕末明治初年以来行われてきた漢字・仮名・ローマ字などをめぐる議論の連続・不連続についてあらためて思いをめぐらせてみることが必要な気がする。また、補足的な発言になるが、第二次大戦後に行われた日本の漢字に対する制限的施策は、周辺諸国にも影響を及ぼしている。具体的にいえば、中国の場合である。すでにみたように、近代化を推し進めていかなければならなかった当時の中国も、やはり文字をめぐって少なからず難問を抱えていた。中国が採った策は、それまでの漢字を「改良」して、いわゆる「簡体字」を編み出したことである。この背景に、日本の「当用漢字」の施策が大きく作用していた（三三頁参照）。

先にみた明治初年の議論もさることながら、第二次大戦後の漢字をめぐる議論は、単に日本の問題のみならず、広くアジアとの関わりを強くもつものとなっていた。そうした事柄を含めて「当用漢字表」をめぐる問題は、現在クローズアップしてきている東アジアの文化の問題、そして「漢字文化圏」のこれからのあり方を考えていく場合に一つの鍵となるものであろう。

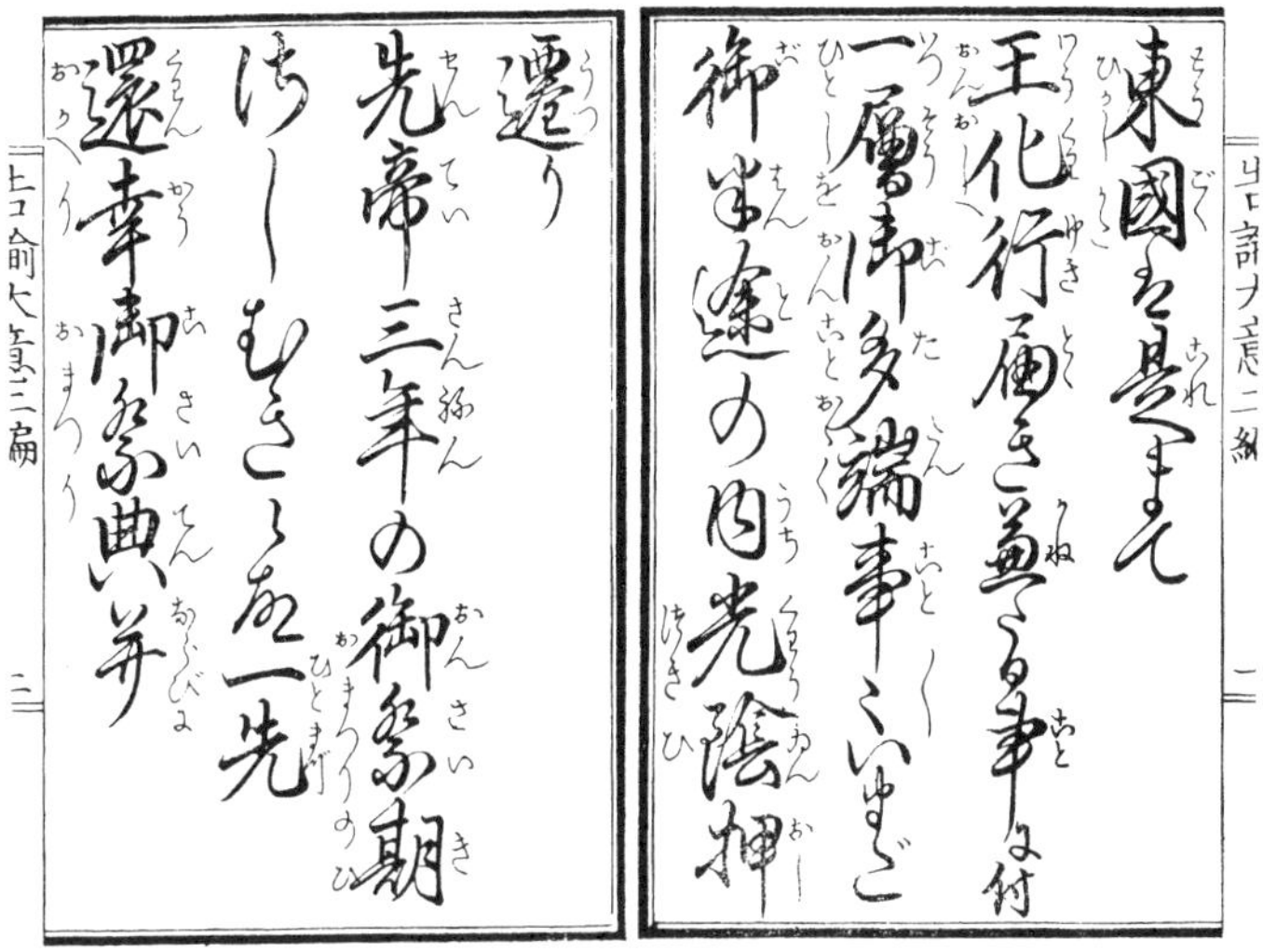

左右にふりがなとよみがなをふった明治初期の『人民告諭大意　二編』

（3）ふりがなについて

右にみた「現代かなづかい」の二つ目の告示につけられた「使用上の注意事項」の「ト」に「ふりがな」は原則として使わないと記されていることとの関わりで、ひとこと述べておこう。

ひとくちに「ふりがな」といっても一様ではない。いわゆるルビと呼ばれる文字（多くは漢字）の傍らにその読みを示すための「よみがな」と、語の意味を示す場合の「ふりがな」の二通りある。現在では、後者の事例はあまりみられないので、「よみがな」＝「ふりがな」と解されている。おそらくこの告示の場合もこのように解されていたものであろう。

しかし、江戸時代の往来物や明治初年に出された告諭などをみると、「ふりがな」には二通りの用いられ方がなされている。文字そのものの読み方を示す「よみがな」を文字の右側に、語の意味を解説するような場合の「ふりがな」は文字の左側にふられている。これら往来物や告諭類などは漢字仮名文字が混在しており、文中の漢字にはほとんどふりがながつけられている。これは、基本的には「漢字」は庶民には不必要な文字であると観念されていたために、読めないことが前提とされていたからであった。

(4) 学校教育と「常用漢字」

このような漢字の見直し作業は、常に学校教育と深く関わっている。その関わりを語る二つの記事をみよう。まず、教育現場からの声として、橋本幸二の《学年別配当表を見直せ》(朝日新聞　二〇〇八・八・二六)をみよう。

橋本は、現行の学年別配当表(後述)では「子どもたちの身近な生活の中で使用頻度が高いのに、な

「山本有三　ふりがな廃止を唱える」

山本は、戦前からふりがな廃止を唱え、漢字を大幅に削減した小説『戦争と二人の婦人』(一九三八)を著し、自らの考えを実践している。彼は、少数のものだけが物を知っていればよいのではなく、人びとは等しく知識をもたなければならない。そのためには教育・知識・教養の平等化を図らなければならない。そのためにはその基礎になる文字やことばを民衆のものとしなくてはならないという考えのもと、それまでの漢字のあり方の見直しに力を注いだ。そして、ふりがなを廃止しても読み書きできる範囲での漢字の使用を企図していた。また、彼は、一九四六年三月に結成された「国民の国語運動連盟」の中心人物でもあり、この組織が日本国憲法の口語化実現に奔走したのであった(一二二頁参照)。

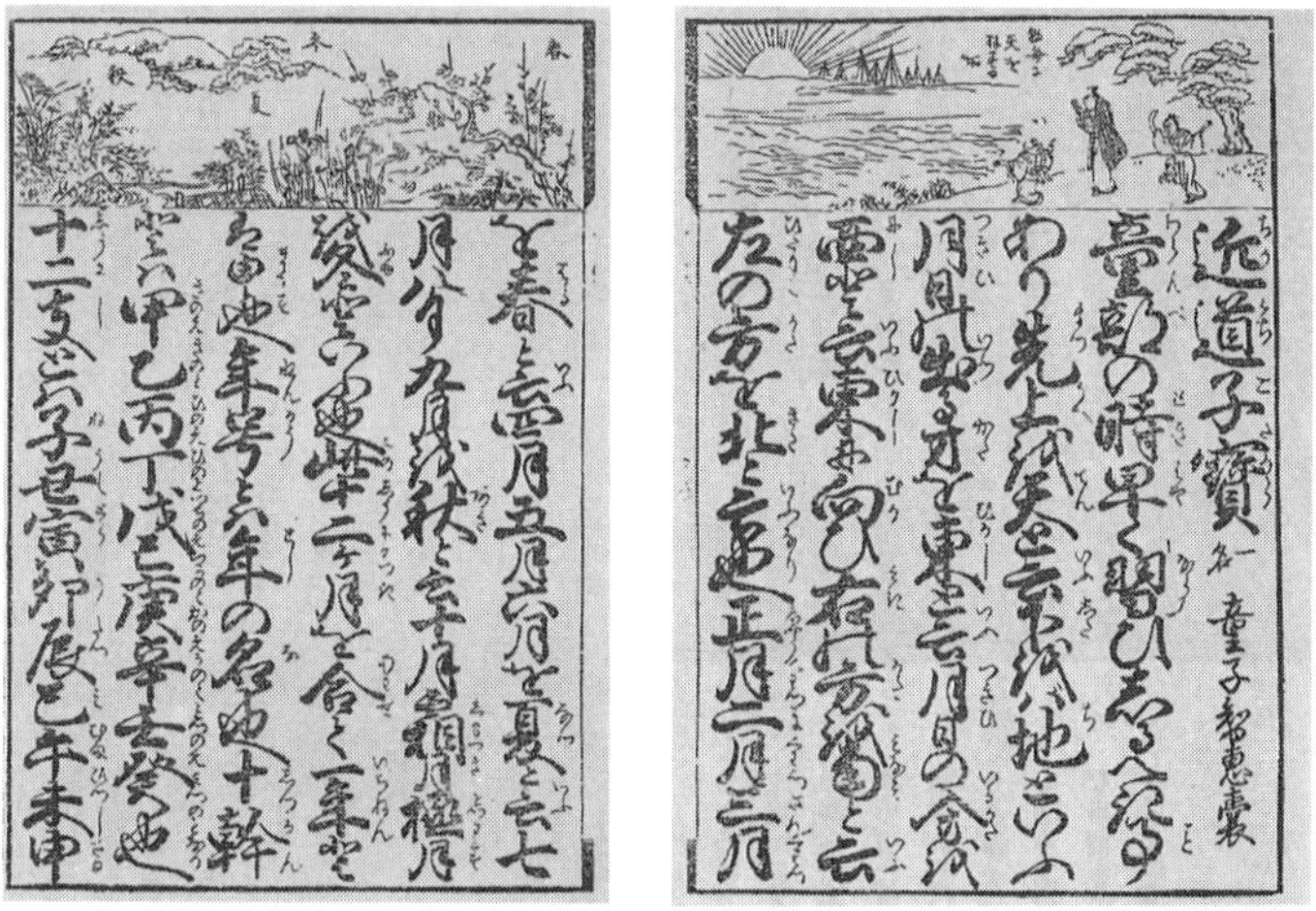

往来物『近道子宝』の冒頭部分

ぜかはずされている漢字が少なくない」といい、次のような漢字を挙げた。「涙・祈・疲・浜・掘・恵・伸・怒・汚・渡・輝・浮・沈」である。文部科学省によると、これらの漢字がはずされた理由としては、他教科の教科書で使用頻度が低いこと、漢字を教える時間が限られていることが挙げられているようだが、しかし、考えたいことは「日常生活の中で、身近に経験したり見聞したりする事柄を表す漢字を優先的に教えること」だと同氏はいう。

さらに橋本は、併せて覚えれば簡単であるのに、切り離して別々の学年で教える例があることにも疑問を呈している。「千」は一年で教えるが、「万」は二年生。「深」が三年生で「浅」は四年生。「君」が三年生で「私」は六年生、「階」が三年生で「段」は六年生といった具合であり、首をかしげてしまうと述べる。これは教育現場からの貴重な発言であり、「常用漢字表」

に伴う波及効果の広さと深さとを改めて思い知らされるところである。

では、この「常用漢字表」が、学校教育とどう関係づけられてきたのだろうか。その流れをみておこう。《小学校で習う漢字、どう決める？》（朝日新聞 二〇〇七・一一・一八）は、以下のようにいう。小学校の学習指導要領に「学年別漢字配当表」という表があり、小学校で習う漢字が挙げられている。一般社会で使う漢字の目安とされている「常用漢字」（一九四五字）の中から選んでいる。現在では、全部で一〇〇六字が掲げられている。ここにいたるまでの経緯をみよう。一九五八年に、学年別の指導要領が正式に教育課程の基準になったとき一緒につくられた。このときには八八一字だった。その後、一九六八年の改訂で、備考欄に一一五字が追加された。さらに、一九七七年の改訂では、備考欄の一一五字を学年ごとに割り振った。そして、一九八一年に「常用漢字表」ができたとき、配当表もそれに対応して一部変更され、一九八八年に一〇字増え、現行の一〇〇六字となった。

その「学年別配当」をみると、一年生は八〇字、二年生は一六〇字、三年生と四年生はそれぞれ二〇〇字、五年生は一八五字、六年生は一八一字となっており、子どもの発達段階を考慮して決められているという。

このような現状を考えてみるときに、前頁に示した江戸時代に寺子屋などで用いられた往来物（教科書）『近道子宝』に籠められた工夫はよい参考事例となる。わずか見開きで、上下、天地、月日、左右、東西南北、正月～極月までの十二ヵ月の呼び名、春夏秋冬、十干十二支、さらには出入、方向、年号などの語がみごとに織り込まれている。

Ⅱ　文・文体

第一章　文体の変遷

人びとは文字を用いてどのように自らの考えを綴り、表現し、他者に伝えてきたのだろうか。日本に漢字が導入されて以来、さまざまな工夫のもとに、多様な表現方法が編み出されてきた。いわゆる文であり、時には「書きことば」といわれてきたものである。古来から現代にかけて、どのような表現方法が取られてきたのだろうか。表現されてきた文のかたち、すなわち「文体」をたどることからはじめよう。

文や文章は、文字・語彙・文法などの諸要素を組み合わせることによって多様な表現方法が生み出されてきた。とりあえず、考えられる文体を思いつくままに列挙してみると次のようになる。

漢文・仮名文・和漢混淆文・文語文・口語文・和歌・俳句（文）・雅俗文・通俗文・候文・欧文・直訳文

などである。

（1）久米邦武の整理から

文体の変遷

久米邦武（一八三九～一九三一）は歴史学者。肥前藩出身。昌平黌に学び、一八四一年、岩倉使節団の一員に加わり、米欧を視察、『米欧回覧実記』をまとめる。一八八八年、東大教授となり日本史研究に近代的歴史学の方法を移植することに努める。一九九一年、論文「神道は祭天の古俗」を発表したが、神道家や国家主義者から排撃を受け、大学を非職となる。以後、早大で古文書学、日本古代史を講ず。日本古文書学の基礎を築く。

久米邦武は文・文体の変遷を、古代からの政治権力とその漢字利用とを関わらせながら次のように述べている。

漢字導入当時、朝廷は「漢文」を主用する方向を取り、律令が定まって以来、「漢文」は政権とともに発達した。これを「漢文の時期」とする。その頃は、「仮名文」は「女の習用文」であった。しかし、政権が藤原氏に移ると、藤原氏が「政事」を「荒怠」したために「漢文」は停滞していった。

一方、「女権の増長」とともに「仮名文」が発達していった。やがて、文学（学問）の教育に乏しい「武人」が政権を取るにいたり、「女の侍る文」を「候ふ文」として、男も私の消息に用いるようになり、ここに「武家の用文」があらわれてくる。時期としては応仁文明の乱の頃であるとする。この頃までは、いわゆる「漢文の時期」であったが、この乱を境に王室の式微も終わりを告げ、「倭語交じり漢文の時期」に移った。それゆえに、筆を執るものは「仮名文」を男様にして「漢字交じりの文」を綴ることとなる。

この動向が進み、江戸時代になると「倭語交じり漢文」が定着していった。幕府の命運がつきるとともに、「倭語交じりの漢文」も後退し、明治になると「漢字交じりの仮名文」がそれに取って代わり、いまや（明治三十年代）それが主用されるようになった、とまとめている。日本における文体やその変化・変遷を政治権力や社会システムとの関わりで整理すると、「漢文」「仮名文」「侍る文」「候ふ文」「武家の用文」「倭語交じり漢文」「漢字交じりの文」「漢字交じりの仮名文」などがあったという。したがって、文体としての本流は、「漢文」→「倭（和）語交じり漢文」→「漢字交じり仮名文」へと遷り変わってきたととらえておくことができよう。これは、文字やことばとの絡みで文体の変遷をみていくときの重要な指標の一つである。

久米は、右のように整理したうえで、明治初年の文字事情について次のようにいう。すなわち、明治初年の騒擾は、勢いに乗じて漢字を廃し、純仮名にしてはと望むものもいたが、いま（明治三十年代）

のような状況からみると、人びとは必ずしも仮名文に同調するものではなかった。これからも「漢字交じり仮名文」が発達していくことは明らかであろう。だから、「断乎として漢字排除の迷ひをさり、漢字整理法を研究すると同時に仮名文典を一定し、万国の語を網羅する規模を定めて、その後に雪月花の問題（七〇頁「かなのくわい」の項参照）も決することであろう」と述べた。

江戸から明治への大変化　そして……

さきにも軽くふれたが、この問題との関わりで次のような久米の発言をあらためてみておこう。すなわち、このような文字や文をめぐる議論の沸騰は、江戸時代から明治へかけての「大変化」によって生じたものだということである。その「大変化」の根底とは何か。それは、階級がなくなったことであると。明治以前は、「士」と「民」との別があった。そして、漢字はこれまでは儒教に支配されてきた階級制に応用されてきたので、きわめて「貴族的」であり、それを駆使してきたのが「士」であった。だから、「士」が明治になって生産を営む社会に移行するようになれば、従来からの言語だけではなはだしく不足するであろう。同様に、いままでは漢字とは無縁であった「民」の側からみれば、階級がなくなったことにより、「士」と同様な社会に生活していかなくてはならなくなり、漢字はいうまでもなく、文字とは無縁ではいられなくなったという。

そもそも文字をめぐる幕末維新期の議論は、文字に対する人びとの知識や感覚にはギャップがあり、このギャップをいかに中和していくのかという点に発端があったことを忘れてはならないという。さらに、明治十年代から二十年代にかけて世の中を賑わわせていた宗教問題や国字問題（前節の「かなのくわい」「羅馬字会」〈七三頁〉の項参照）も発端をたどれば、その根底より発生した幹枝花葉であったのだとする。久米の主張ははっきりとしている。

文・文体のことに話を戻そう。だから、明治二十年から三十年代にかけてのいま、「漢字交じりの仮名文」が定着してきているのであるから、これからの国字改良をめぐる議論は、その点をふまえなくてはならないとする。

（2）言文一致をめぐって

久米の整理によりながら文体の変遷についてみてきたが、幕末期ともなると、いかにして「書きことば」を「話しことば」に近づけるような表現を編み出していくのかが問題とされるようになる。いわゆる言文一致である。それまでは、大方は双方は別個のものとして扱われてきた。すでに、前島密が「漢字御廃止之儀」を建言して、漢字をやめ「口談筆記の両般の趣を異にせざる様」にしたいと述べているが、これもこのような線上でとらえられなくてはならない。

っている。

先駆者岸田吟香

口語体すなわち言文一致の先駆者である岸田吟香の功績について、《口語体の先駆け岸田吟香―庶民性と進取の心宿る文体―》（毎日新聞　二〇〇〇・一〇・五　小林弘忠）なる新聞記事は、以下のように語っている。

言文一致の提唱について、これまでは、啓蒙学者の神田孝平が、明治十八年（一八八五）に発表した「文章論ヲ読ム」がはじまりとされ、二葉亭四迷の『浮雲』（明治二十～二十二）で実現したというのが定説であった。しかし、すでに、西周が「言うところと書くところは同じでなければならない」と主張している。また、慶応二年（一八六六）、徳川慶喜に建白した前島密の「漢字御廃止之儀」の中でも、それに近い発言がみられる。しかし、彼らの発言は「ござる」「つかまつる」を用いた終止形の口語化をいっているにすぎない。

現代文のような明瞭な口語体を実践したのは岸田吟香（一八三三～一九〇五）であった。彼は、岸田劉生の父。天保十四年（一八四三）、岡山県の農家に生まれ、十七歳で江戸に出て漢学を学ぶ。日本初の日刊商業紙『東京日々新聞』（現『毎日新聞』明治五・二創刊）の主筆となった人。横浜に滞在していたアメリカ人医師ヘボンの弟子になり、ヘボンと上海に赴いている。八ヵ月滞在したが、そのときに日誌（『呉淞日記』）を書いている。ほぼ全文口語体で記されているという。そもそも岸田はいう。「書物をつくるには漢字は使わない、むずかしい漢文はだれも読まないからだ」と。こうした吟香の口語体実践の主張は、吟香の革新的・庶民的資質に依拠するものであろう。
もう少し岸田自身の発言を聞こう。

岸田吟香の発言から

岸田吟香（一八三三〜一九〇五）はジャーナリスト、事業家。津山藩儒昌谷精渓に学び、十七歳で江戸に出て林図書頭の塾、次いで大坂の藤沢東畡に学ぶ。一八六四年、横浜でヘボンの「和英語林集成」の編纂に携わる。この頃、日本初の「海外新聞」を発行。辞書印刷のため上海へ渡航。江戸・東京の運送業、売薬業に従事。日清貿易研究所・訓盲院などの創設にも関わる。

岸田の発言の引用をしよう。

①「日本の学者先生たちが、ほんをこしらへるに四角な字でこしらへるが、どういふりゃうけんで、ほねををってあんなむづかしい事をしたものかわからねエ、支那人に見せるにハ漢文でかいた方がよからうけれども、日本人によませて、日本人をりこうにする為につくるにハ、むづかしく四角な文字で、あとへひっくりかへってよむ漢文を以て書物をつくりてハ、金をかけて版にしてもむだの事なり、労して功なしといふンだ」

②「世間に学者よりハしろうとの方が多イから、しろうとにハさっぱりちんぷんかんぶんなり、だからおいらハもしほんをこしらへれバ、四角なもじでハかかない」

③明治八年の『仮名読新聞』売り出しを祝うことばで、吟香は次のように記している。

日報社の吟香で五座り升。いよいよ今日からかなよみ新聞をお始めに相成りますそうで五座りますが誠にお目出たう五座ります。実にお目出たう五座ります。扨々お目出たう五座りますと申すも外では無い。マア皆様おきゝ成さい。是までは四角な文字を跡さきへ飛び〳〵読で二三年も苦しみ漸く四書五経をあげて仕舞ひ、処が教ふる人も習ふ子も何だか少しも訳は分らぬ、学者となる位が上出来、わるくすると世事に迂い先生となり、妹に聟を取って家督を譲り、甚六さんは若隠居などと云ふのが有りますが、是と云ふも昔からの学問の見当がまちがって居たからの事だ。夫は何故まちがったと穿鑿して見ると、未だ日本にかなと云ふ文字の無い時代には支那から渡った四角な文字の本を読むことばかりを学問と致しましたから、其癖が近ごろまで残って居たので五座りませう。今は平がな片カナと云ふ読やすい書やすい便利な文字がありますから、何も決して六かしく四角ばった真似をせずとも我が日本のかながきが一番よろしいでは五座りませんか。西洋人は西洋の文字で学問をします。支那人は支那の文字で学問をします。天竺、「アラビヤ」其外どこでも皆其国の文字で学問をして学者になります。サア夫だから神奈川県のかながきさんはかなで無くてはかなはぬとかなよみ新聞を思ひ付き、新しい面白い人々の為になす事を沢山に書きあつめて一日おきに出板して、人の知識を進め世の開化を助けんと、いよ〳〵今日からお始めに相成ります。お目出たい〳〵（以下略）

少々長く引用したが、文体はやさしく、そして表示された漢字にはすべてふりがなが施されている（『仮名読新聞』明治八年から）。

①②のように、漢字は学者の用いるもので、素人には漢字すなわち「四角な文字」で文章は書かないという。できるだけ仮名文字で表現することを提唱する。その点では、「ひらがな」を用いることを提唱した清水卯三郎と通じるものがあり、現に清水との交流はしばしばみられる。

また③でも、「四角な文字」「跡さきへ飛び飛び読で二三年も苦しみ漸く四書五経を」読み上げるものの、教える人も習う子も訳がわからない、こんなことは昔からの学問が間違っていた、いまは「平がな」・「片カナ」という読みやすく書きやすい便利な文字があるのだから、「四角ばった」ものをまねせずとも「日本のかながき」が一番よろしいという。

「速記と言文一致運動」（『本郷』六六　二〇〇六・一一）

田鎖綱紀（一八五四〜一九三八）は、英語の速記法に着目し、これを日本語でできないかを試行錯誤して、田鎖式速記法を編み出した。その方法が彼の門下生に受け継がれ、第一回帝国議会の議事録作成に関与したという。これらは、まさに話し言葉が綴られていき、いわゆる言文一致運動の原型を築いていったものである。

①②③のように主張する吟香は、一方で漢学にも通じており、決して漢字を否定してはいない。それは、ドクトル・ヘボンとの関係においても、和漢学を維持し続けていたことからもわかる。

やや時代は下るが、明治四十一年（一九〇八）、九十三歳に達したヘボンが、来訪した『大阪毎日新聞』の記者の問いに対し、次のように答えたという。「岸田吟香さんですか、あの方は書は立派で、漢学のできる方でしたから辞書編纂の頃、校正などをしてくれました」。農民・武士・商工業者などの多彩な生活体験をした吟香は、和学・漢学そして洋学にも通じていたのであり、このような諸学に造詣が深い吟香の「日本のかながき」の提唱の意味は大きい。

さらに、晩年には「漢学の老儒宿学」の団体ともいわれる「斯文会」の幹事の一人ともなっている。『岸田吟香』の著者杉浦は、「吟香はわが国の新聞文章の確立に大きな影響を与えたが、とくに社会面的記事、いわゆる三面記事の文体の創始と口語体の導入は、日本の文章史上画期的なことであった。その頃、知識人の文章は漢文でなければ漢文体の文章だったのである」とまとめている。

『日本国憲法』成立の背後で――「片仮名文語体」から「ひらがな口語体」へ――

口語体への動きは第二次大戦後にも大きな波紋を引き起こしている。『日本国憲法』の成立をめぐって看過することのできない動きがあった。《口語化へ極秘連係プレー　憲法公布、あす六〇年》（朝日新聞　二〇〇六・一一・二）の記事に注目したい。この記事の導入部分は「国民主権、平和主義、基本的人権の尊重という3原則をはじめ、制定当時新鮮だったのは、片仮名文語体が当たり前だった法律を初めてひらがな口語体で書いたことだ」と記している。

とりあえず、記事に沿って口語化の背景をたどってみよう。一九四六年三月六日、片仮名文語体の「憲法改正草案要綱」が発表された。これに対し、国語をやさしくする運動を進める民間団体「国民の国語運動」は、憲法改正案やすべての法令、公文書を平仮名口語体で書くよう政府に申し入れた。そのとき官邸を訪れたメンバーは、作家の山本有三、国際法学者の横田喜三郎ら六人であった。これを機に、法制局では一九四六年四月五日に第一次案を作成。同四月十七日に、平仮名口語体の草案を発表した。すでに、彼らの申し入れの前から口語化への動きは法制局内ではじまっていたが、一方で伝統や先例を重んじ、口語体に消極的意見が強かったという。しかし、彼らの申し入れを機に「小学校を卒業した日本人なら誰でも読めるような憲法でないといけない」という考えのもと、現在のようなかたちで公布されることとなった。

このような「片仮名文語体」から「平仮名口語体」への転換はそれ以後の私たちを取り巻く状況をも大きく変えていくことになる。

第二章　仮名遣いと敬語

I-二章でふれた「かなのくわい」が、内部分裂にいたった背景には、仮名遣いについての意見対立が大きく働いていた。

（1）仮名遣い変遷の概要

仮名遣いとは

仮名遣いとは、同一の語について、二種以上の仮名表記がありうるとき、その中の一つを正しいものと定めることを指す。日頃あまり深く考えることもないかもしれないが、複数の中からどれをとるのか、それを決定するにはそれなりの見解と立場とが問われるものである。とりあえず、仮名遣いをめぐる経緯を大雑把にみておこう。

時代はさかのぼるが、仮名遣いに関心をもっていた藤原定家（一一六二〜一二四一）は、彼なりの仮名遣いを定めるのに、それまでの「古典」を参照して書き分けを検討した。そして、いろは四十七文字をすべて別のかなとする立場での語の書き分けに取り組んだ。その際、問題となったのは、「い・ひ・ゐ」「え・へ・ゑ」「お・ほ・を」の仮名の使い方であった。そのうち、「お」と「を」についてはアクセントによる書き分けを採用した。この、定家が取り組んだ仮名遣いに行阿（生没年不詳、南北朝時代の学者）が増補し、『仮名文字遣』と名づけて発表したのが「定家仮名遣」といわれるものである。

時代は下り、江戸時代に入ると、音韻の変化により「じ・ぢ」「ず・づ」のいわゆる「四つ仮名」やオ段長音の書き分けの問題が加わった。契沖（一六四〇～一七〇一）・本居宣長（一七三〇～一八〇一）・石塚竜麿（一七六四～一八二三）らの国学者によって検討が加えられた。この問題に、とくに力を注いだのが契沖であった。契沖が研究を重ねた仮名遣いは、楫取魚彦（一七二三～八二）の『古言梯』などによって補訂され、国学者のあいだで用いられたが、田安宗武（一七一五～七一）や上田秋声（一七三四～一八〇九）などのように反対するものも少なくなかったという。

一方、近世の戯作者や一般の人びとは、学者たちによって検討された複雑な仮名遣いについてはあまり厳密に考えることなく、仮名遣いには無頓着な文章を書くのが実情だったという。

「字音仮名遣」の事例

長い歴史的経緯のあいだにはいろいろな事柄が問題とされたが、その中の一つを例示しておこう。それは「オー」と読まれる字についての仮名遣いについてである。「桜・押・応・邑・王・翁」などは、みな「オー」と発音されるものである。現在であるならば、いずれも「おう」と仮名をふればすむ。しかし、江戸時代に入ると、中世末から近世にかけての表記の仕方の混同を何とか修正したいという国学者らは、右のようにそれぞれの主張にもとづき、仮名遣いの研究を推し進めた。このような問題を組織的に研究し、その基礎を築いた者の一人に本居宣長がいた。彼はいろいろな文献を基礎に研究を続け、さらにその研究を受け継ぎ大成させたのが白井寛蔭の『音韻仮字用例』である。これによると、先の「オー」読みの語は、次のように書き分けられることとされた。桜―アウ、押―アフ、応―オウ、邑―オフ、王―ワウ、翁―ヲウと記すべきであると。

明治時代以降、政府は江戸時代の国学者らによって研究された成果を継承して、契沖の「歴史的仮名遣」および本居宣長の「字音仮名遣」を学校教育や公文書に採用した。そのために、江戸時代以来の仮名遣いは、いろいろな問題を含みながら明治・大正時代を経て近時にまでいたる。

いま少し、その流れを追ってみよう。本居らの唱える仮名遣いはその原理が一般には理解されにくく、学習にも困難なことも少なくなかったので、人びとのあいだには和語の仮名遣いの改訂を望む声がしだいに高まっていった。すでにみたように、「かなのくわい」でも仮名遣いをめぐって激しく議論がたたかわされた。明治二十年頃から漸次下火になっていったが、明治二十七・八年の日清戦争後、国字国語改良論が再燃したことに伴い、明治三十三年七月帝國教育会の国字改良部の仮名部門で検討された。そして、明治三十三年八月文部省は、小学校令を改めて、その施行細則で従来の「字音仮名遣」を全廃し、発音に近いかたちをとり、数個の類似音を「ー」にする、また「くわ」を「が」に合わせたり、「ぢ」ー「じ」、「づ」ー「ず」に併すること、長音符「おー」「こー」（文部省の棒引仮名遣いと称す）のような字音表記法などを含む案を発表した。しかし、これを受けた世論は沸騰、賛否両論渦巻く中、明治四十一年、この案は廃止、同四十三年、すべて旧に復した。

現代仮名遣い

大正十三年（一九二四）、臨時国語調査会は、新しい仮名遣い改訂案を発表、昭和六年（一九三一）、さらにその修正案を発表した。「現代の仮名遣は、現代の発音に基づいて規定されるべきである」という考えにたって示されたこの案も、またその是非をめぐり世論はふたたび沸騰した。

さらに下って、昭和二十一年（一九四六）、国語審議会が、現代語音を基準とする「現代かなづかい」を決定。政府は、これを内閣訓令ならびに告示として公布した。これで、長いあいだの仮名遣い改訂問題は一応の決着をみたようにみえるが、以来半世紀余、文字・文・ことばの時々刻々の変化と絡み合って展開、いまなお仮名遣いの問題には真の「決着」というものはつけられていないというのが実情であろう。

(2) 敬　語

仮名遣いとともに、現代社会に大きな混乱をもたらしているものに敬語がある。簡単に流れをたどっておこう。

「これからの敬語」から「敬語の指針案」へ

一九五二年四月、「これからの敬語」が、国語審議会敬語部会（部会長金田一京助）から文部大臣に建議された。それは、「敬語は有用か無用か」という問題を請けて、一九五〇年六月から一九五二年二月まで、一八回の会議を経てまとめられたものである。

時代は飛んで、二〇〇四年、文化審議会は「これからの時代に求められる国語力について」という諮問を請けて検討答申、それをふまえて二〇〇六年十月、敬語指針づくりに取り組む文化審議会国語分科会の敬語小委員会が敬語を五つに分類する指針案をまとめた。現在一般に尊敬語・謙譲語・丁寧語の三分類されている敬語を、謙譲語をⅠ・Ⅱに分割、美化語を新設したもので、とりあえずこれを世に問い、二〇〇七年二月に文部科学省に答申するというものであった。

この指針案に対してただちに多くの反応があった。新聞記事によってみよう。

「敬語の指針案」（中間報告）へ寄せられたことば

①《「敬語五分類は混乱の元」》（朝日新聞　二〇〇六・一〇月　井上史雄）

従来、学校で学ぶ敬語は尊敬語・謙譲語・丁寧語の三分類であったが、今回の報告案では、謙譲語の分割と美化語の追加により五分類になった。それに対する苦言である。とくに、謙譲語のⅠ・Ⅱの用法は連続的で境界がはっきりしないこと、新設された美化語は、本来の敬語ではなくなっているという。

尊敬語・謙譲語は古代からあったが、謙譲語から生じた丁寧語は、ほぼ中世に発生し近代にかけて発展したものという。現代は、尊敬語・謙譲語・丁寧語ともに連動して使われている。たしかに日本語の変化は敬語に顕著にみられるが、それらを区分して用いることの困難さを言外に語る。そして、近年では、敬語は、話題に上る人物より、目の前の人に気を使うように変化してきていること、すなわち「敬意低減の法則」が働くようになったという。

②《「美化語」新設に疑義あり》（朝日新聞　二〇〇六・一二・二　萩野貞樹）

指針案では、美化語については、「お酒」「お料理」「御祝儀」が例としてあげられ、「ものごとを美化して述べる」ものとされている。もともとこれらは、ものを尊重することの表現としての「尊敬語」であった。しかし、今回の指針では、食べ物などへの尊重の念をはずし、「自分自身のことばを上品らしく見せるためのもの」に特化した「美化語」を設け、そこへこれらを分類し組み込もうとしているが、自分の感覚とはやや異なるという。本来、米や飯・酒・祝儀などの類は「ありがたく尊いものとしての感謝の念をもつ」がいかがなものかと疑義を呈す。

③《思いやる心あればこそ　分類より身近な具体例で解説を》（朝日新聞　二〇〇六・一一・二〇　出久根達郎）

ここでは、次のようなことがいわれている。「敬語というものは、人への思いやりと、自分がへりくだって一歩下がること」、この二つの気持ちさえあれば、たいてい間違いなく敬語を使うことができる。「敬語の乱れは、人間関係の薄さであり、愛の欠如」だから、あれこれと分類することがどれほど有効なのかを問う。

④《「病院内での敬語の使い方》（朝日新聞　二〇〇六・一〇・二八　日野原重明）

ここでは、きわめて素直に「敬語」の新しい分類案の登場をよい機会に、上手に使えるような勉強会が必要だ。病院の職員に限らず、公務員、企業の社員、人前で話すことの多い職に就くすべての人たちに当てはまるとしている。

「敬語の指針」誕生まで

そして、予定どおり文化審議会は二〇〇七年二月二日に「敬語の指針」を答申した。そのあたりの事情を《戦後を映す敬語指針　急速な変容にどう対応》（朝日新聞　二〇〇七・二・一九）には、これまでの敬語の取り組みの経緯が述べられているので、この記事をなぞりながら概観しよう。

敬語に関する建議・答申としては今回で、戦後三回目になるが、戦後から現在にいたるまでの国語政策に関する経緯を、『国語政策の戦後史』（野村敏夫　大修館書店）は次のようにまとめている。

第一期：民主化思想による国語改革期（一九四五～六六年）

第二期：現代表記の再構築期（～九一年）

第三期：国際化・情報化社会への対応期（～現在）

文化審議会国語分科会の前身である国語審議会が「これからの敬語」（ねらいは、人間関係をタテの階層関係からヨコの社会関係を表現するものとして敬語をとらえ直すというもの）を建議したのが一九五二年であったから、この区分によれば、第一期の改革期にあたり、一つの象徴的出来事であったといってよいだろう。

当時の「敬語部会」には、金田一京助、折口信夫らが名を連ねていた。そこでは「敬語は封建時代の遺習だから民主主義の世の中では精算すべきだ、とする説まで検討の対象になり、従来の敬語の煩雑さを戒め、平明・簡素でありたいと提唱した」という。

このときの第一期の建議は、二〇〇〇年、第二期の国語審議会答申「現代社会における敬語表現」が出されるまでの半世紀のあいだ、文字どおり敬語に関する指針であった。

この二〇〇〇年の答申は、敬語を使わなくても語尾を上げて相手に対する配慮を示すなどの「敬意表現」を提唱した。また、「マニュアル敬語が商業敬語」という呼称で登場するなど、国際化を反映しており、外国人の日本語学習にも言及したという。しかし、第一期の「これからの敬語」に比べて抽象的で具体性に欠け、敬語の具体例に乏しいという指摘が相当にあったという。

そして、今回三回目の「敬語の指針」(二〇〇七・二・二)は、「現代社会は、基本的に平等な人格を互いに認め合う社会である。敬語も固定的・絶対的なものとしてではなく、人と人とが相互に尊重し合う人間関係を反映した相互的・相対的なものとして定着してきている」という。そして、それは過去二回の建議・答申をふまえ、「敬語の常用漢字表に相当するもの」をめざしたという(『国語審議会』二四一頁)。

「敬語の指針」へもの申す

この「敬語の指針」をうけて、ただちに反応が寄せられた。

《袖のボタン》(朝日新聞　二〇〇七・二・六　丸谷才一)は、「敬語の指針」をうけて以下のように書いた。敬語は日本独特のもので、他の国にはないと思っている人がいるがそうではない。ある程度文明が発達すると、人間関係を円滑にする社交的言語表現として敬語が使われると丸谷はいう。そして、文化審議会国語分科会の「敬語の指針」(答申)には、「敬語を普遍的な人間文化の中に位置づける見方がないこと」が最初の読後感であったとし、今回の答申についていくつかの指摘をした。分科会の努力を認めつつも丸谷なりの見解を示しているが、その中で、私が注目しておきたいことは次の指摘である。

「規範を定めようとする意欲が乏しく、いわば現状追認的なのがおかしい」という発言である。具体的に引用しておこう。「『植木に水をあげる』か『水をやる』かについて、二〇〇六年の世論調査において『あげる』が十代・二十代の男性では三〇～四〇パーセントであるのに五十代・六十代の男性では五～一〇パーセントだ」と紹介し、これについて記す。後者（「やる」をよしとする派）は、「水をあげる」は謙譲語的表現で植木にはふさわしくないと考える。前者（「あげる」派）は、「あげる」は謙譲語的意味は薄れて美化語になっているし、「やる」は卑俗でぞんざいと感じている。この両派が「言わば拮抗している時代であろう」と、この答申はのんびり構えているが、こういう「大勢順応型の処理は間違っている」と指摘している点である。単に現状がかくかくしかじかと分析するだけではいかんともしがたい。一般の人びとの発言であるならばともかくとして、混乱を見直すことを託された委員会の答申としてはいかがであろうかと、あらためて疑問を呈している。

私も思う。いくら状況を把握してかくかくと分析しても、現状は混乱ではなく「揺れている」といってみたところで、次の一歩がない限り話は進まない。大勢順応しているだけではなく、いまのこの大勢でよいのかまずいのか、よいのであればともかくとして、よろしくないのであれば一定の指針を示さなくてはならないだろう。

丸谷は、先に続けて次のようにいう。「たとえ過半数が『植木に水をあげる』と言おうと、それは困った語法である。言葉は保守的な趣味を大事にしながら、新しい事態に適応してゆかなければならない。

ついでに言い添えれば、わたしとしては、『植木に水をまく』と言えばいいと思っている」と。

丸谷の発言は、問題なきにしもあらずではあるかもしれないが、単に現状を分析するに止まっている審議会の答申に対して、何とかして自らの意見を示そうとしている姿勢に注目しなくてはならないだろう。いま必要なことはこのような発言だと思う。

いろいろと事情があるだろうが、単にアンケートの結果を示しただけでは片手落ちといってもよい。少なくとも公的立場からのまとめであるならば、一定の方向性を示していかなければなるまい。たとえそれが絶対的なものでなくてもよい。そもそも絶対的なものなんてないだろう。少なくても「指針」であるならば、それをきちんと示すこと、それこそが次への建設的な議論を行っていくための礎になるのだから。

第三章　文字・ことばにみる男女差

（1）江戸時代の女性の学習

山川菊栄は『武家の女性』の中で次のように語っている。女子も満六歳になると手習いの師匠に弟子入りした。これはかなり以前から行われていたという。しかし、女子は、仮名が読めればよいということで、十二、三歳にもなると裁縫の稽古に行くことが多く、教室には一〇人ぐらいが集まる程度であった。また、男子と違って「朝読み」はなかったが、毎朝早く行く競争は同じことで、朝ご飯がすむとすぐ出かけたという。お師匠さんは子持ちの主婦なので、始終教室にいるわけではなく手本を書いてあてがい、娘たちは真っ黒な草紙に手習いをして、ときどき清書を出す、それでよければ、また次の手本が与えられるというものであった。女子が習うものは決まっていて、まず「いろは」を習い、それから『百人一首』『女今川』『女大学』『女庭訓』『女孝経』（これらをまとめて『和論語』といっていたという）といったような本について、まず読み方、それらを書いた師匠の手本を習い、次々に上げていくという

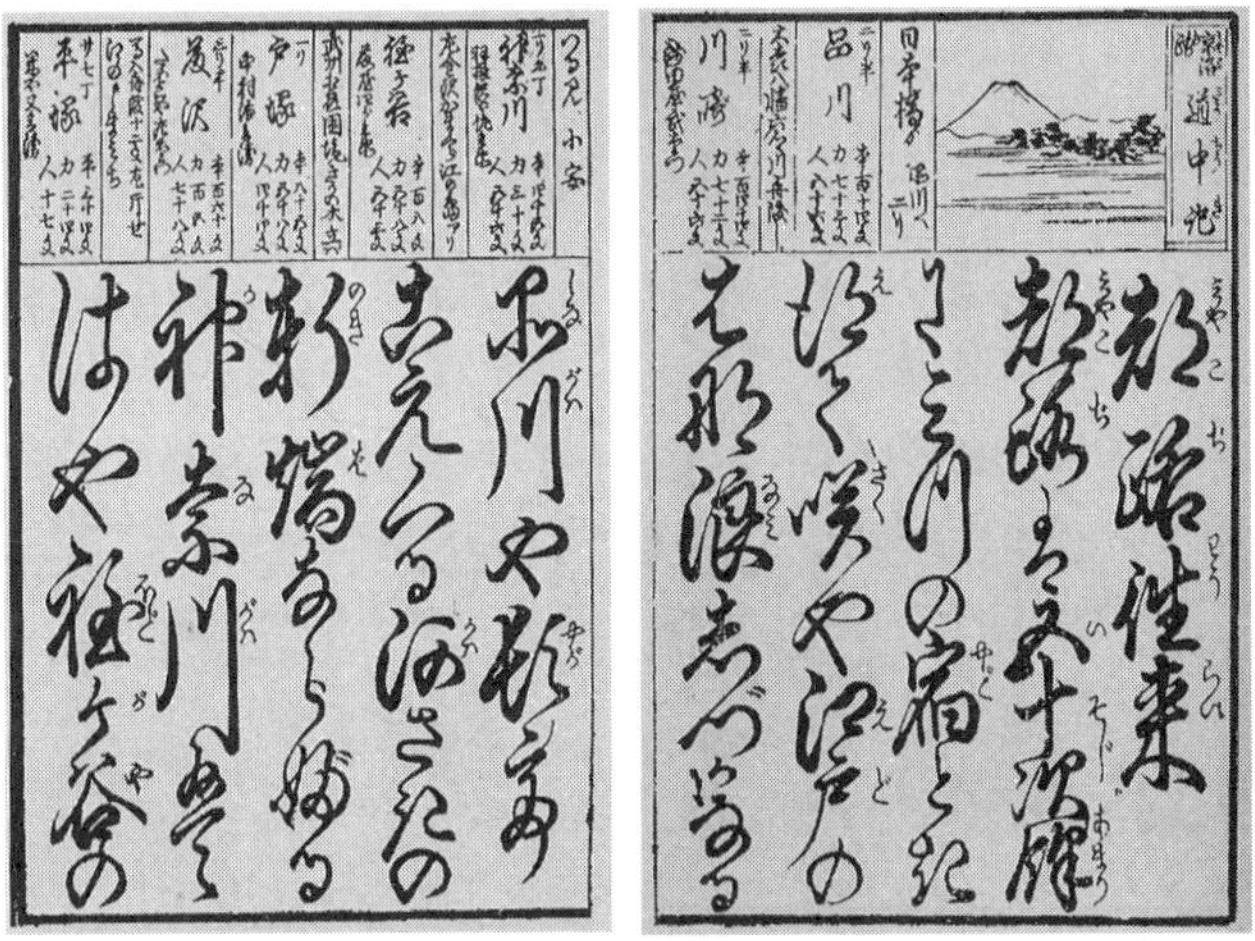

手習いの教科書『都路往来』

ものであった。もちろん、平仮名ばかり、その平仮名も変体仮名が多く、続け字で読みにくいうえに、ことばの中味も七・八歳の子にはわかるはずはないのにただ夢中で習ったという。中には、東海道五十三次の名を歌のように綴ったもの（『都路往来』）、また、「大名づくし」といって、大名の苗字を並べたものを手本で習ったという。

もっとも水戸では、女に学問をさせると縁が遠くなるとか、また血筋をよそへもって行かれるとかいっていやがったという。山川は「学問の家などで男系に必ずしも優秀な子ができず、よそへ嫁にいった娘の方に秀才が出たりすることをいうのですが、これは教育よりは遺伝学上に問題でもあり、女系に秀才が出来ても損になるわけでもないのに、気の狭いことをいったものでした」と回顧している（三二一〜三五頁）。

（2）「女訓書」にみる文字・ことば

「女訓書」が伝える文字の由来

江戸時代、女性向けの教訓・教戒書が数多く編まれた。一般に女訓書といわれるが、そこには、女性が学ばなければならないとされるような事柄が記されている。『女庭訓御所文庫』の頭書に「手習并女文字の始り」という項があり、そこには次のようなことが記されている。

△文字といふことハ、もろこしにさうけつといふ人、鳥の足跡を見てはじめてもじをつくりいだし給ふ、これより手をすこしかく事をとりの足あとをまねぶといふ也、もじに、しん・さう・ぎやうとて三いろ有り、ぎやうもじをやハらげて弘法大師、女の為にいろはといふ事を四十七字までのかなに書いだし給ふ、これおんなもじといふ也、いろはさへ書おぼゆれば、むちのおんなも、うたさうしをよミてむかしの事をしり、ふミたまづさをかきて、わか心をつうじ用をととのふ、よって手ならひのはじめにハ、まづいろはより書ならひ、

女の名前

漢字や漢語は女の物ではないというたてまえは、古代以来長く続く。このようなたてまえは、文字やことばのみならず女の生活を全般にわたって支配した。その一例を示すなら、子どもの名付けなどにみられる。女の名前は、少数の支配的立場の娘以外はすべて平仮名で記された。「子」という名前の末尾の字も同様に、庶民には許されていなかった。そのタブーが解けたのは明治以降のことである（寿岳章子『日本語と女』岩波新書）。

後には文しやうをつらね、男もじをも覚る也、誠に人と生れて手をかかぬハ、もうもくあきじいにおなじ、たとひ筆うるハしからずとも、よくよくぶんしやうをつらね、よくもじをよむ事を第一とすべし

ここでは漢字がどのようにしてつくられたのか、漢字には真・行・草の三書体があること、漢字を和らげて弘法大師が女のためにいろは四十七文字の仮名を編み出したこと、そしてその仮名は「女文字」といわれること、仮名を用いて文を綴って行く中に「男もじ」、すなわち漢字を覚えていくもの、したがってまずはいろはから手習いをするようにと促している。また、少々違った観点から文字について言及するものもある。『嘉永訂正　女大学操鑑』は次のように記す。

夫《それ》書物をふミと云、和語（やまとことば）にふくみと云ことを略したり、万の事を此内にふくミたると云心也、むかしハ物の本とても今の如くにてハなし、竹を編て夫に小刀にて字を彫付たり、後漢の代に蔡倫《さいりん》と云人紙を造り、蒙恬《もうてん》と云人筆を作りて紙筆にて書写して綴たり、（中略）上古ハ唐にも文字なくて縄を結びて置しを、後に蒼頡《さうけつ》と云人、鳥の跡を見て文字をつくり、文字も六書八体とて多けれバ、我朝にてハ、唐の文字を省し天竺の声を以ていろはの四十七字となし、平仮名と名づけ弘法大師造り給へり、片仮名ハ吉備の大臣つくり始められしと也、いろはなき以前ハ「難波津にさくやこのはなふゆこもり、今をはるべとさくやこのはな」「浅香山かげさへ見ゆる山の井のあさくハ人のおもふものかハ」、この二うたを手習ふ初めに書て習はせしなり、今のいろはを習ハす

る如くなり

このように、文字に関わる紙や筆の由来、平仮名・片仮名のなりたち、いろはうたについての記述など、女性が身につけておかなくてはならないような基礎知識が女訓書に盛り込まれた。

文字は中国の「蒼頡」によって、仮名は「弘法大師（空海）」によってつくられたということが、長いあいだ伝承されてきた。現在では、ともに事実とは認められてはいないが、ときおり取り沙汰されるほど深く定着していたことの一端は、こうした女訓書や往来物の存在にあった。

（補）①「伊呂波の事」（『女四季用文章女小学教草』〈嘉永五〉の頭書）

伊呂波四十七文字ハもと哥の言葉なり、是ハ世に弘法大師の作といへとも元興寺護命といふ人と両人の作なり、「いろはにほへど。ちりぬるを。」是まで護命の作なり、「わがよたれぞ。つねならむ。うゐのおくやま。けふこえて。あさきゆめみし。ゑひもせず。」是ほどが弘法大師の作なり、片仮名ハ吉備大臣天平勝宝年中に大和の都におゐて五音の文字の点画をはぶきとりて片仮名五十字をつくりはじめたまふ

（補）②「筆墨硯紙の事」（『女四季用文章女小学教草』の頭書）

○筆ハ唐のもうてんといふ人つくりはじめ給ふ、日本ハ応神天皇のときはじめて文字を用ひしかバ是よりはじめて筆あるべし

○墨ハ唐のくんきうといふ人の作なり、日本ハ推古天皇の御時高麗国よりみつぎす、此時よりつくり

はじまる

○硯ハ文殊のまなこをかたどりたれバかりにも硯のおもてに物など書べからず、また硯の墨のすりためをバ海と名つくる事文殊のまなこ広きこと海にたとへて名付ると定家の書に見へたり

○紙は醍醐天皇の御宇洛陽北野かミや川にて漉はじむ、哥に　かりにてもわかるとおもへ紙や川、瀬とのちとりのミだれてぞなく

補①では「いろは歌」についてやや具体的に、補②では筆墨硯紙の文房四宝についての基礎知識にふれている。

「女房詞」とは

日頃使われていることばに男女間の違いがみられるようになったのは、平安時代といわれる。その後の展開を含めて、「女房詞《にょうぼうことば》」といわれるものがある。「女房詞」は、室町時代のはじめ頃、御所や仙洞御所（太上天皇の御所）に奉仕する女官、すなわち女房たちが日常生活の語について、よくないこと、下品にみえることばなどを言い換えたことにはじまる。それらは女官の公用日記に使われたこともあって、こうした「女房詞」が朝廷の「公用語」とされるようになっていく。これらは、時間の経過に伴い数量を増していくとともに、しだいにその使用範囲を広げていった。宮中から将軍家の奥向きに、さらには庶民階級の中でも有産富裕の層の人びとの中に普及していった。使われる語は増加の一途をたどり、や

がて、宮中などでの隠語の言い換えとして使われはじめたものというその由来は忘れ去られ、逆にそれらは「優雅」「上品」「柔らかい」ことばとして人びとに受け止められるようになり、「大和こと葉」などとして、多くの女訓書にも収載されるようになっていった。

「大和ことば」「倭ことば」「倭詞」

『新増女諸礼綾錦』（文政二、天保十三再刻、心斎橋、河内屋木兵衛）には、「大和こと葉」という記事が頭書きに収載されている。みておこう。

一着ものは　小そで　一布子は　おひへ　一帯は　おもじ・おミ帯　一内衣は　ゆもじ
一夜着蒲団は　よるのもの　一水　おひやし　一米　ぬちまき　一飯　くご・まま
一味噌　むし　一酒　ささ・九こん　一醴　あま・九こん　一酒糟　ささじん（ぬかみそ）
一強飯　こハいい　一赤めし　赤こハいい　一足　おミあし　一歩行　ひろふ
一人を呼ぶ　めす　一船駕に乗　めす　一物参　めし上らるる　一ちまき　まき
一餅　あも・かちん　一牡丹餅　おはき　一しんこ　白いと　一だんご　いしいし
一唐黍餅　もろこし　一蓬もち　草のかちん　一握めし　むすび　一菜めし　葉のくご
一豆腐　おかべ　一でんがく　おでん　一豆腐の粕　雪　一豆の粉　きなこ
一ひしほ　甘むし　一茄子　なす　一干菜　ひば　一甘美　いしゐ　一泣　むつかる

一子供　こたち　一男ハ　わこ　一女ハ　ひめこ　一物喰ふ　くださる
一香のもの　かうかう　一くき　くもじ　一ねぶか　ひともじ　一かずのこ　かずかず
一いはし　おほそ　一ごまめ　ことのバら・たつくり　一鯛　ひら　小たい　小ひら
一銭　おあし　一なべ釜　くろ　一いかき　関もり　一研木　こがらし
一せつかい　うぐひす　一杓子　しゃもじ　一寝　おしづまる・およる　一起　おひるなる
一髪　おぐし　一むすめ　五もじ　一同　御りゃう人　一かもじといふハ　かミさまともいふ
　かかさまともいふ　一内儀　こもじ
　右の外ハよき人に交て其言葉をきき習ふべし

というものである。やや長文にわたったけれども、これ以外にも多くあるので、よき人との交流で「大和ことば」を学ぶことが好ましいとしている。さらに、別の女訓書をもみておこう。

『再板改正　女今川教文』の頭書の「倭言葉」は次のように記す。

　恵命院僧正といへる人つくれり、海士の藻芥といふ文にくわしく見へ侍れともここに略す、むかし内裏仙洞にハ諸々の飯ものに異名をつけてめされたもふなるゆへに、当座にこのこと葉を聞てはさしあたりてめいわくするものなれハ、ここにくわしくしるすのミ

として、主として食品に関わる三四語を載せている。たとえば、米・味噌・醤油・香の物・酒・菓子の類である。

同様に『女小学』（嘉永三）の頭書には「女中詞の事」という項を設け、身の回りの日常品の語六六語を収載する。また、先にもふれた『嘉永訂正　女大学操鑑』には「新改御所言葉」という項を設け、多くのことばがあるが、ここには古来から多く用いられてきたもの三九語を記し、ほかは省略するとしている。

このような中にあって『女訓姿見　女前訓躾種』の記述は注目される。「女詞づかひ」の項に、

倭詞とて物をやさしくいひなしたる女詞あり、上つかたハさもありなん、下さまの女ハそのいたりたるこそ、結句耳だつべけれ、せめて女の賤陋なる詞をいミていはであれかし、其一二に挙ていはば、たとへバ「いかき」を「せきもり」、「せつかい」を「うぐひす」などいふハきやしや過て下さまにハに合がたし、或ハ、云々

としている。女性が用いるための手本として示される「倭詞」でも、ただまねればよいのではない、用いることばに注意が必要、それは分限をわきまえることであり、状況に応じて適宜用いることが大切であるとしている。

いずれにせよ、こうした事柄が、女子教育の手本の中に組み込まれているということは、当時の女性への一つの教養のあり方を知ることができるとともに、江戸に政治の中心が移ったとはいえ、近畿を中心とした「大和こと葉」、すなわち、それまでの「中央語」、さらには宮中でのことばがやはり上位に位置づけられ模範とされていたことがわかる。このような方法で、それまでの枠組みを超えて広く普及す

るようになると、宮中で用いられていたことばだけでは不充分となり、士庶の生活状況に合わせるかのようにして多くの語がつくられていった。

仮名遣いについて

『女庭訓御所文庫』の頭書「女中かなづかひの事」には〈およそものかくに、かなつかひといふ事をわきまへしるべし、たとへハ「恋」といふかなハ「こひ」とかく、「鯉」といふかなハ「こい」とかく也〉と記す。つまり、同じ「音」でも、語によって「仮名遣い」が異なるという。仮名を用いる女性にとっては、やはり仮名遣いはきちんと教育されなくてはならないものとしてあったようだ。

『女中庸瑪瑙箱』には、「女消息近道仮名遣」という項があり、〈仮名遣といふハ「へ・江・ゑ」此三字、同しよミ也といへども、それぞれのつかい所あるにより、女中文章かなづかいのために、日用につかい用ゆる文字のかなつかいを下にしるし、正字をあらハすもの也〉として、実に二一四語の読みと正字とを掲げている。

念のため、そのいくつかを事例として示しておこう。「ゐなば―因幡、たぢま―但馬、すはう―周防、はうき―伯耆、くれなゐ―紅、もへぎ―萌黄、こいろ―濃色、うすひろ―薄色、あゐ―藍、ほかゐ―行器、はうてう―庖丁、さうめん―素麺、やうかん―羊羹」などなどであり、中には「をとなふ・をとづれ・をとなひ」はともに「音信」と表示するとしている。いずれにしても、発音とふりがなとは異なっている。「話しことば」と「書きことば」の距離を実感させられる事柄である。そして、「女消息近道仮名遣」に記されている「へ・江・ゑ」の三字は、江戸時代、村方の文書にもしばしば登場する仮名遣いであるが、私たちが目にするそれらの文書でも、その使われ方は不統一で錯綜しており、支配的立場の人びとも三者の違い、それの用い方にもはっきりとした区別がないままに使用している。

(3)　男ことば・女ことば

国立国語研究所が、昭和四十九年（一九七四）度に東京と大阪とで行った調査によると、六十数パーセントの人が「現在の日本では男性のことばと女性のことばはあまり違わないようになってきている」と答えている。このように差がなくなってきている理由としては、「女性のことばが男性化した」ということと「男性のことばが女性化し、女性のことばも男性化した」というのがほぼ半数前後を占めているという。

この調査結果から、「人々がことばのどの面では性差がありどの面では差がなくなったと意識しているかまでは明らかではない」が、日本語に著しいとされている男性と女性のことばの差異が、以前より小さくなってきていると一般に認識されていることに注目したいという。そして現状をふまえて次のように提言して結んでいる。「従来性差と思われてきた男女のことばの差異は実は役割の差ではなかろうか、（中略）男性語というものは仕事関係のことばであり、女性語は対人関係の円滑剤として機能しているのではないか」と（『言語生活』三八七　筑摩書房　一九八四　特集：女性とことば）。

しかし、歴史的にみれば、決してこのようにまとめきってしまうわけにはいかないのではないか。いま、ここでそれについての議論を展開する余裕はないが、日本における男女の関係史、ひいては女性史の問題でもあることを一言しておこう。

（4）「女らしさ」の武器

女ことばと敬語

「男らしいことば、女らしいことばというのがあるが、女性のことばで一番大切なことは何か」という調査があったという（寿岳　九三頁）。答えとして、生理的なもの、語彙的なもの、価値的なものの三つに分けたとき、価値的なものに対して七割以上の人が男女差があった方がよいと答えたという。この価値的なものとは、敬語に通じる事柄であった。すなわち丁寧なことば、やさしいことば、上品なことば、柔らかいことば、おとなしいことば、慎み深いことば、などであったという。

敬語は、互いに敬愛の情をもって表現されるものであるが、現実には「女らしさ」の強力な武器となっていると観念されている。それゆえに、一九五二年に建議された「これからの敬語」の解説に語られているように、「女らしさ」を保持する「女性語」構築の観念と相通じるものであろう。

敬語と望まれる「女性語」

すでに「敬語」のところで述べたことであるが、一九五二年に国語審議会敬語部会から文部大臣に建議された「これからの敬語」の「基本方針」をみてみよう（安田　二二二頁）。

①これまでの敬語は、旧時代に発達したままで、必要以上に煩雑な点があった。これからの敬語は、その行きすぎをいましめ、誤用を正し、できるだけ平明・簡素にありたいものである。

②これまでの敬語は、主として上下関係に立って発達してきたがこれからの敬語は、各人の基本的人格を尊重する相互尊敬の上に立たなければならない。

③女性のことばでは、必要以上に敬語または美称が多く使われている。（中略）この点、女性の反省・自覚によって、しだいに純化されることが望ましい。

④奉仕の精神を取り違えて、不当に高い尊敬語や、不当に低い謙そん語を使うことが特に商業方面などに多かった。そういうことによって、しらずしらず自他の人格的尊厳を見失うことがあるのは、はなはだいましむべきことである。このてんにおいて国民一般の自覚が望ましい。

というものである。とくに注目しなくてはならないのは、③の女性に関わる記述である。文部省は、この「これからの敬語」の解説を一九五二年六月に刊行している。そこに「いっぱんに、女性が近代的な感覚による簡素の美に目ざめて、優美な、しかも知性にかがやく新しい女性語を造りだすためには、教育の普及・向上とともに、文学の協力にまつところが大きいことを、その道の人に訴えたいと思います」と記しているという（「これからの敬語」解説　安田敏朗『国語審議会』一二三頁）。

何とも奇妙な解説ではないだろうか。「基本方針」と併せみるとき、これまでの敬語の混乱は女性ことばに多く由来しているのであり、それを「純化」していくためには女性の反省・自覚が必要である。そのことのためには近代感覚をもった新しい「女性語」を構築することだという。あらためて「女性語」の必要を説く。まさに、江戸時代の女訓書が作成されたときと同じような思想が根柢に流れているのをみないわけにはいかない。いかに新しい社会をめざそうとしていようとも、根本のところでしっかりと男女差別は保持されている。

以来、この線上で時が流れる中、敬語をめぐる混乱はますます複雑化していくが、このような混乱を解決することを企図して、第三期の答申が二〇〇七年に「敬語の指針」として出されたことはすでにみた（一二九頁参照）。

第四章　漢文体・文語体・和語

（1）漢文の沿革

島田禮「漢文の沿革」（『斯文学会雑誌』三一　一九〇二）は、二十世紀初頭の文体について語る。その冒頭で「現今（二十世紀初）の通用文と云ふものは、維新以来一種の文体を為して、所謂新聞体」というものになっているという。その「新聞体」とは具体的にいうと、漢文・和文・翻訳文の三種が合併したもので、その割合は、漢文が七分、和文・翻訳文が三分であるという。そして、いまや上は詔勅から閣令省令、下は諸般の契約書、個人の書簡にいたるまで、ほぼこの「新聞体」が用いられているという。とくに漢文体に関わる発言に絞ってみると、江戸時代においては、いわゆる「漢文」は「学者社会」にのみ行われていたという。そしてその「漢文」を大別すると「散文、駢儷文（主として四字および六字の対句を用いる文体）、時文（中国の現代文語文）の三種」であるとしている。一方、上下普通の日用文にはその「漢文」とは別の文体があった。書簡であるならば「一筆啓上……」のように、官府に出す文書なら「乍恐書附を以て奉申上候」といったような表現をするものであり、これらはいわゆる「漢文」とは関係ないものであったという。

ここであらためて確認しておきたいことは、江戸時代においては、「漢文」体を用いる者はごく限られていたこと、現在、私たちが気軽に「漢文」と呼んでいるものは、いわゆる「漢文」とは性質を異にしているということである。言い換えれば、右にみた「一筆……」や「乍恐……」の文は、漢字で書かれてはいるけれども、文体として分類する場合には、それは「漢文」とはいわない。先にみた久米邦武の整理した表現を借りるならば、これらはまさに「倭語交じりの漢文」といったものであろう。そして、「漢文」「倭語交じりの漢文」は明治初年の文字や文をめぐる議論を潜り抜けて、明治三十五年という段階では、島田がいう上記のようなかたちの文体、いわゆる「新聞体」として広範に定着しつつあったという事実をみておきたい。

（2）漢文の勧め

《漢文の勧め　遊び心で面白さ満喫して》（朝日新聞　二〇〇七・五・一九　加藤徹）をみよう。

「世の中が行き詰まると、教育論議や国語ブームが起き、漢字や漢文の良さを見直す声が上がる」という書き出しではじまる本稿は、漢文の歴史を概観してあらためて漢文の意義を強調する。要点を示そう。「漢文は当初、日本人にとって外国語だった」。戦国期にはなお、公家や僧侶など一部の知識人に限られて使用されていたが、江戸時代に入ると広く浸透していき、「漢文は身分を超えた共通語の機能を果たし、〈国語〉の先駆的な代用品にもなった」。

さらに、「漢文は、最先端の新知識を得る武器でもあった。江戸時代の普通の知識人は、西洋の学問や事情を、蘭学よりむしろ漢文の本を通じて知った」「漢文はかつて、中高年より、むしろ若者のための読み物だった。社会的地位も経験も乏しい若者が、大人と対抗するために、漢文の本を読んで理論武装する。そして社会に参画し、新しい時代を作るヒントを得る。幕末の高杉晋作も、こうした漢文を学び、自らも漢詩や漢文を書いた」と記している。

私も、この考えに同調する者の一人である。国語教育の中から「漢文」という教科が姿を消していっているいまこのとき、あらためてこの発言を噛みしめてみたい。現在のように外国語の辞書が完備していなかった幕末期、外国に大きく門戸を開いた日本が、欧米の諸文物を果敢に摂取し血肉化していくことができたのは、それまでに築き上げてきた人びとの文化遺産の賜であるが、とくに「藩士」などの活躍を看過することはできない。ここでは、そのいちいちを述べている暇はないが、幕末から明治初年にかけての日本を「文明」化の方向に導いていったのは、多くの「藩士」たちであり、その彼らの多くは漢学・漢文の基礎をしっかりとマスターしていた。「Ｉ　文字」で文字をめぐる議論をみたが、そこで基本的な議論を展開した者の多くは、漢学・漢文の素養を身につけていた「藩士」出身であったこともそのことを裏づけていよう。

（3）文語文への回帰

幕末以来、言文一致運動の成果もあって、「話しことば」と「書きことば」との一体化が進められ、その成果のため、現在ではいわゆる「口語体」が一般化している。しかしその一方で、最近になって「文語文」を見直そうとの動きがみられるようになったという。「今こそ文語文にて候」（朝日新聞　二〇〇七・四）という記事が語る。「近時の日本語文の冗長低俗」を憂い、「往時の文語文」を復活させようとの動きが生まれてきているというのである。

■文語で書くとこうなります

風邪を引いて熱が出てしまいました。もし下がらなかったら、明日は休ませてもらいます。全力で治そうとは思いますが……。よろしくお願いします。

←

風邪引き、熱出でにし候。若し下がること無く候はば、明日は暇を頂きたく候。全力を以《もっ》て静養に努めん。其《そ》の旨、ご理解頂きたく願い上げ候

（茶苑の勉強資料から）

文語文復活動資料（朝日新聞の記事より）

お茶の水女子大・東大・早大の学生たちが月二回集まり、現代文を文語文に直したり文語メールをつくってみたりしているという。この記事はキーワードとして「文語」は「江戸時代以前の文献に主にみられる読み書きのためのことば。明治期まで文学作品や公文書などに広く使われたが、それ以降は言文一致運動で口語文が主流となり、戦後は法令や公文書

からも姿を消した」と解説している。
そしていう。
①「文語文」を正しく理解していないと美しい日本語や文化を守っていけない。
②「文語」は「簡」にして「雅」である。
③とくに明治・大正期の文語文は、日本の文化遺産であり後世に遺していきたい。
といった観点から、「文語文」の復活を企図した動きがみられるようになったという。そして、「文語文」による交流のためのウエブサイト「文語の苑」は「文語はただに古人の心を伝ふるのみにあらず。今人の陳ぶるに用ゐれば、そは現下の日本語の乱れをただす一助とならむ」という趣意書を掲げ、この記事は結ばれている。

文字・文・ことばが、複雑な動きを示している二十一世紀のこの時に、一見すると「過去」のものとして後方に退いていた「文語文」回帰をめぐるこのような動きは、急速に流れていく国際化の潮流の中にあって、「日本文化」をとらえ直さなくてはならないという人びとの立ち位置の一つのあり方としておさえておかなくてはならないだろう。

だが、この記事も記しているが、このような会を立ち上げても、同調する戦後世代の人びとは少ないという。「日本文化」をどのように継承し、さらにそれをどのように発展させていったらよいのだろうか。何とも重たくそして難しい問題である。

(4) 和語のよさ

文やことばというものではないが、常日頃から思っていることがある。かつて外国へ手紙を書いたとき、呼び名の前後につける語に疑問をもったことがある。男性なら「Ｍｒ」でよいが、女性の場合、既婚者なら「Ｍｒｓ」、未婚者なら「Ｍｉｓｓ」と区別して記さなければならなかった。このことは、女性の位置づけとも関わって少なからず問題であった。しかし、これは、一九七五年の「国際婦人年」を機に見直されたのだろうか。近時では、既婚・未婚を問わず「Ｍｓ」とされるようになった。

また、大分以前のことになるが、中国の女性へ手紙を出したとき、名前の後に「女史」と記した覚えがある。そこへいくと、日本の場合は至極便利・単純明快、「様」ですべてが事足りる。老若男女どうであれ、未婚・既婚にとらわれることなく一律に「様」でよい。何と便利な語ではないか。日本には、このような用いられ方が底流にあるのである。その理由については、ここではふれる余裕はないが、いうまでもなくその因は日本の歴史の中にある。

ついでにもうひとこと。少なくない欧語の名詞には「性別」があるが、これまた日本語にはみられない。なぜだろう？　歴史や文化の違いとはいえ、チョット立ち止まってみるとこんなところにも「興味津々」の事柄がころがっている。

Ⅲ　ことば

第一章　ことばをめぐる議論

(1) ことばは揺れる

「ことばが揺れている」とか「ことばが乱れている」といわれて久しく、私たちを取り巻くことばの議論はめまぐるしい。しばらく新聞記事を素材にしながら、ことばに関する諸問題に思いを馳せてみたい。

(1)《NHK「気になることば」梅津政樹アナに聞く》(朝日新聞　二〇〇四・六・二五)

この記事は先に少々ふれたが、いま一度みてみたい。ここには次のような事柄が記されている。「ことばが乱れている」「若者ことばがわからない」といった便りが、日に何百通もNHKのアナウンス室に寄せられるという。中でも多いのが「コンビニ敬語」といわれるもの。予約もしていないのに「禁煙席でよろしかったでしょうか」「こちらエビフライになります」などといったいい方を取り上げ、不必要な過去形を使ったり、奇妙な表現をしていると指摘する。また、「〜的」「〜とか」という意味合いのことばも多いという。なぜこのようないい方をするのだろうかと問い、そしていう。こうした表現をするのは、過去形にすると丁寧さが増すという説もあるし、「コンビニ敬語」は相手が「はい」ですませられるような短縮のメリットもあるのではないかと述べる。また、若者は、人を傷つけたくないとともに自分も傷つきたくないので、断定的ないい方を避けるのだろうという。

そして、批判だけではダメなのであって、「ことばが乱れているといわれますが、ことばは揺れているのだと思っています。そして、どう揺れているのか、それはなぜか、今後どうなっていくのかを視聴者とともに考えたい」という。

同時に、この記事は、さらにカタカナ語についてもふれ、毎日のように新しいカタカナ語が登場するのに戸惑いを感じつつ、次のようにいう。格好よくみせたいとき、人をけむに巻くときには便利だが、本来とは異なった意味が浸透したりしている。このような状況に対して、日本語のよさが損なわれるという意見があるのはもっともであるけれども、「無理やり日本語にすると、かえって難しくなるときもある」という。

要は、ことばの乱れをどうしていったらよいのだろうか、それに対して梅津氏は、批判するだけではいけないのであって、今後どのようなっていくのか考えたいと結ぶだけで、これといった策を講じてはいない。否、講じることはできないというのが実情なのであろうか。

(2)《国語教師が見た高校生の言葉遣い》(朝日新聞　二〇〇四・六月)

ここでも、「若者言葉の乱用」「言葉の誤用」について述べられる。前者については、「コンビニ敬語」「わたし的には」というい方などを事例にほぼ(1)の記事と同内容のことが述べられている。後者については、「全然いい」などのいい方を事例に、肯定と否定の意味との呼応関係のおかしさを指摘、さらに「流れに棹さす」などの慣用句を、本来の意味を正しく理解している人より逆の意味に解している人の方が多いという文化審議会の調査結果を取り上げている。この記事もまた、こうした誤用がおかしいとしつつ、しかもそれが多数であることを指摘するのみで次の一歩がみられない。

(3)《新しい教科「日本語」ってなに?》(朝日新聞　二〇〇七・五・二〇)

(1)・(2)のような議論は数えられないほどである。しかし、それらの多くは「だからどうすべきか」「どうした方がよいのか」といった提案はほとんどみられないのが実情である。そうした状況をふまえて新たな一歩を踏み出そうとしたのが、この記事にみるような「日本語」という授業の取り組み、すなわち「日本人のための日本語教育」である。二〇〇七年の春から東京都世田谷区で「日本語」の授業を全小中学校九五校ではじめ、専用の教科書で表現や日本文化、哲学を学んでいくという。これは、先進的取り組みとして国の教育特区の認定を受けているという。「文部科学省によると、言葉に関する新教科の開設で特区に認定された自治体はこの約三年で世田谷区、兵庫県伊丹市(ことば科)、大阪府門真市（ことばの時間）、静岡県沼津市（言語科）、広島市（言語・数理運用科）です」。

この新しい試みが、従来の国語とどのように違うのか。記事には、国語教育の延長ともいえるが、自分の考えを論理的に組み立てわかりやすく表現し、「実社会で役立つ言語技術をつちかうのが狙いです。読み書きだけでなく、語彙力、課題発見、解決能力など多岐にわたる」と記されている。

こうした新しい取り組み状況をもっと知りたいと思っているところに、「特集　教科『日本語』」（『せたがやの「教育」』四九　二〇一〇・七・一八　世田谷区教育委員会発行）が飛び込んできた。世田谷区では、二〇〇三年度から「美しい日本語を世田谷の学校から」という取り組みを開始、それをさらに発展させるかたちで二〇〇七年度から全区立小・中学校で、教科「日本語」の授業を行っているという。小学校の教科「日本語」教科書から、この教科創設についてのことばを引用してみよう。

ことば。　ことばには力があります。私たちは、たった一つのことばから生きる勇気を得ることがあります。　ことば。　私たちは、ことばを使って考えます。ことばを使って考えや思いを伝えます。　私たちのかけがえのない宝である「日本語」は、日本の文化とともに受け継がれてきました。　新たな文化が生まれ、新たなことばが生まれます。　あることばが使われなくなるということは、そのことばの背景にある文化や自然が失われることにほかなりません。　今、私たちはことばを大切にしているでしょうか。

とある。そして、この教科「日本語」のねらいとして、①深く考える子どもを育てる　②自分の考えや思いを表現することができコミュニケーションができる子どもを育てる　③日本の文化を理解し大切にする子どもを育てる　の三点を掲げている。

行政側が出した資料であるから、それとしてみなくてはならないが、この授業を受けた子どもたちの感想も同時に収載されている。小学生の感想としては「短歌や漢詩は難しく、最初は意味も分からなかったが、音読しているうちに覚えることも、風景を想像することもできた」「伝統文化を調べて発表する授業が楽しかった」が、また中学生の感想には「哲学の授業は『人の幸せを学ぶ』という感じだった」「表現の授業では、相手に説明し伝えることの難しさ、伝える側の意見や主張によって伝える内容にかなりの差があることを学んだ」というものである。

新しい試みとその実践の様子を垣間見ることができる。このような状況下、日本語を評価する仕事も少なくない。

(4)《日本語は天才である》（朝日新聞　二〇〇七・四・八）

この記事は、柳瀬尚紀の著書の紹介記事であるが、この本『日本語は天才である』には、「日本語の懐の深さを縦横に語っている」「漢字や、そこから派生したひらがな、カタカナ、また、方言、ルビや回文、いろは歌……」など豊富な歴史的知識から繰り出される日本語のメリットについて、西欧のそれを組み込みながら記していると紹介する。

「日本語は一般社会でもブームです」といわれているように、教科書大手の書籍では「日本語検定」を実施して敬語の使い方や文法などの試験をすること、通信教育で小中学生向けの国語力検定の機関が設置されること、NPO法人「日本話ことば協会」の話しことば検定、日本語文章能力検定、日本漢字能力検定（先述した漢検）などもあり、多彩な取り組みが行われているのが実情である。

そこで、ふと私は考え込んでしまう。「検定」ブームといわれるように、多様な「検定」に満ちあふれている。そもそも検定するからには一定の基準がなければならないだろう。先にも述べた「ことばは乱れている」のではなく「ことばは揺れている」という梅津発言との絡みでいうならば、その基準が「揺れ」かつ「変化」していくことばをどのように「検定」していくのだろうか。このような状況下での「基準」とは何なのだろうか。疑問は限りなくふくらんでいく。

(3)の記事は、日本語検定の評議員である作家五木寛之のことばで結ばれている。「日本語とは実に不思議な言葉で、世界のあらゆる国の文化がつまっている。ただ今の日本語には改めるべき表現も少なくない。方言、敬語、外来語などをどう扱うか。気が遠くなる世界だが、私たちにとって美しいことば、正しいことばとは何か、いま一度、じっくり考える時代がきている」。

この発言にふれて、遠い昔の日本語のこと、古代・中世・近世・近代を経ていまにいたるまでの長い歴史の中で何がどのように変化してきたのか、何が消え去っていったのか、そして何が新たにつけ加えられてきたのか、そしていま？　思いはぐるぐると駆けめぐる。

(2) ことばの変化

中央語・地方語 or 方言

日本語を考えていく場合、少々歴史的背景をみておくことも必要であろう。そして、ひとくちに「日本語」といっても、それがどの地域のものであったのかということが問われなくてはならないだろう。つまり、いわゆる「方言」についての検討もしておかなくてはならない。「方言」とは歴史的にみると、いわゆる「地方語」とされてきたものであり、したがってその対概念としての「中央語」と関わらせてみていかなくてはならないだろう（佐藤武義『概説日本語の歴史』朝倉書店　一九九五）。

古代から十七世紀頃までは近畿地方が政治・文化の中心であり、そこで語られることばが一般には「中央語」としての位置を占めていた。しかし、江戸時代に入り政治・文化の中心が近畿圏からしだいに江戸に移行し、それまで「地方語」とされていた「江戸語」が「中央語」の位置を占めるようになり、それまでの「中央語」が入れ替わった。このような転換が、「日本語」を複雑にしていった一つの要因であった。そして注意しなくてはならないことは、このような「中央語」が公式に通用し、一方の「地方語」が「方言」として公式な記録からは排除される立場におかれていったことである。

しかし、いまや多様な価値観に刺激されて、排除され続けてきた「地方語」にこそ日本文化の多様性が含み込まれているのであるから、「地方語」を、「方言」を見直そうとの声も高まってきた。また「個」の価値を大切にするような考えが位置づきつつあるいま、「方言」に生活のぬくもりや郷土愛を再認識する傾向も日々に強まってきている。「日本語」とは、かくかくしかじかと語ることはたいへん難しい。

いろいろな格差

「中央」だ「地方」だといわれるように、地域による違いが日本語を複雑多様にしてきたことはいうまでもないが、それ以外にもその複雑さを増幅させてきたものがある。男女・年齢・職業などによる語られ方の違い、さらには身分制があったことからくる貴族・武士・庶民・僧など階層による表現のされ方の違いなどもある。そして、多くはそれぞれの表現の中に「差別」「格差」を伴うのが常であった。時代が下るにつれて徐々に平均化されてきているが、しかし現代でもなお、それらの存在から引き起こされる問題も少なくない。

身近な事例を新聞記事にみよう。《夫は「主人」？　呼称で激論》（朝日新聞　二〇〇六・一〇・一二）である。夫婦は対等なはずなのに、夫を「主人」と呼ぶのはおかしいという投書が波紋を呼んだ。多くの人はこの投書に「同感」であるという。

さて、夫を「主人」と呼ぶ風潮に関して、その記事は次のようにいう。昔は「良人（おっと）」「良夫」などの呼び方があり、多かったのは「夫」だったが、一九五〇年代ごろから「主人」という呼び方が大半を占めるようになったという。その理由は、かつては使用人がいる上流階級の家の夫が家の主として「主人」と呼ばれていた。やがて世の中に中流層が拡大して、核家族化が進み世帯主が増えていき、その妻たちの多くはあこがれもこめて「主人」と呼ぶようになったのではないかと。

状況の変化と意識の変化

この事例は、ことばに関する人びとの意識が変化していく経緯をみごとに語る。社会状況の変化に伴い、男女間格差が意識されるようになり、その格差をおかしいとする人びとの意識変化によるものであることを鮮明に示している。あたり前に通用していたことばが急におかしいと感じられはじめる。つまり、意識の変化がそれまでの通用に待ったをかけたのだ。このような意識の変化は、日々の私たちの営為を取り巻く歴史的状況の中で絶えず起こっている。

かつては小中学校に「父兄会」と呼ばれるものがあった。それが、いつ頃からか「父母会」に、そして近時では「保護者会」へと変わってきたのもその一例である。この呼び方の変化は、単に「格差」の問題にとどまらず、確実に「家族」のあり方の変化とも連動している。同じように、最近では「主婦」ならず「主夫」という新しい語も生まれ定着しつつあるのもまたしかりである。

第二章　世界の言語とその状況

しばらく眼を外に向けてみよう。現在、世界には六〇〇〇前後の言語があるという。近年、国連教育科学文化機関（ユネスコ）が調査したところ、そのうち約二五〇〇語が消滅の危機にさらされているという。さらに、一九九語にいたっては話し手が十人以下に減っていたという。すでに二十世紀半ば以降には二一九もの言語が消滅し、二〇〇八年には米アラスカ州でイヤック語が最後の話者の死で途絶えた。一つの言語が生き延びていくには十万人以上の話し手が必要だという（二〇〇九・九・二五　天声人語）。

(1) フランスでは

このように言語の存廃をめぐる議論も、二十世紀末頃からとみにさかんになってきている。そんなとき、次のような記事が目にとまった。《仏の地域語復権　排除された言語　憲法に「遺産」》（朝日新聞二〇〇八・一二・二六）というものである。フランスでは、かつては地域のことばが堂々と使われる多言語国家であった。一七八九年の革命後、国家統合の手段とされた仏語の陰で、第二次大戦直後まで排除された地域語が、七月の憲法改正で「フランスの遺産」と明記されたという。

今回の改憲は、英語に対抗して一九九〇年代に仏語保護に動いたフランスが、国内で地域ごとの均衡をはかったことに意味があるという。フランスでは、一九九二年に「共和国の言語は仏語である」と憲法第二条に明記。一九九四年には広告宣伝やテレビ・ラジオでの仏語使用を原則として義務づける「仏語使用法」を制定した。しかし、このような一連の仏語に対する国家政策に対して、「これが地域語排除につながりかねないと各地の国会議員ら地域語推進派が警戒感を強め、改憲に立ち上がった」結果、今回の憲法改正が実現したと仏言語学者ベリナール・セルキリーニは解説する。

そもそもフランスの「地域語」とは、ドイツ語、イタリア語にそれぞれ近いアルザス語やコルシカ語などを指すという。言語学者セルキリーニが一九九九年、仏政府に提出した報告書「フランスの諸言語」は、海外県・海外領土の詳細な分類などを含めると七五の地域語があり、本土だけで二五を数えるという。

ともあれ、地域語復権提唱問題は、欧州統合の深まりとともに議論されるようになった。統合の深化が進んでくるにつれ、垣根が低くなった国境付近の地域交流が重要になり、地域語の役割が再認識されるようになったことによる。このように、言語の問題も文字やことばと同様に、政治・社会などによっていろいろな影響がもたらされてくる。すでに述べたように私たちが現在「日本語」を云々する場合にも、それを歴史的にみると「中央語」「地域語」との絡み合いで展開してきていることをふまえておかなければならないことに通じるものがある。

（2）ユネスコの調査から

いま少し、言語をめぐる動向を伝える新聞記事を見よう。

《八丈語？　世界二五〇〇言語　消滅危機》（朝日新聞　二〇〇九・二・二〇）は、本章の冒頭に示した「天声人語」のネタになった記事である。全世界で六〇〇〇前後あるといわれる言語調査の結果をユネスコが十九日に発表した。そのうち、五三八語がもっとも危険な「極めて深刻」に分類され、さらに、このうち一九九語は話し手が一〇人以下。続いて「重大な危険」が五〇二語、「危険」が六三二語、「脆弱」が六〇七語だったという。そして、これらの多くはサハラ以南のアフリカ、南米、メラネシアで目立った。また、一九五〇年以降消滅した言語が二一九語に上り、最近では二〇〇八年、米アラスカ州でイヤック語が最後の話者の死で途絶えたということは先に述べた。

日本の場合をみると、アイヌ語について話し手が一五人とされ「極めて深刻」と分類された。このほかに沖縄県の八重山語、与那国語が「重大な危険」、沖縄語、国頭語、宮古語、鹿児島県・奄美諸島の奄美語、東京都・八丈島などの八丈語が「危険」と分類された。ユネスコの担当者は、「これらの言語が日本で方言として扱われているのは認識しているが、国際的な基準だと独立の言語と扱うのが妥当と考えた」という。

ここで問題としなくてはならないのは、「方言」と「言語」の別についてである。これまで、どのように扱われてきたのだろうか。崎山理・国立民族博物館名誉教授（言語学）によると、方言と言語の区別は明確ではなく、政治的に決まってくる部分もある。話し手が固有の文化をもっていれば独立した言語とすべきであるという。琉球諸島では、かつてはそれぞれの島のことばは大きく異なっていたが、交通が進み、元の形が失われている。単一民族神話も手伝って、日本で話されている言語は一つだと思われがちであるが、実は多様であるという（朝日新聞　二〇〇九・二・二〇）。

これについては、すでに前章でふれたが、「日本語」は「中央語」と「地方語」、さらには「方言」との関わりをもちつつ変遷してきたことを、あらためて振り返っておく必要があるだろう。

（3）中国では

《目覚める満州族　歴史・文化に関心持つ若者増加中》（朝日新聞　二〇〇七・五・三）という記事も看過ごせない。急速な発展著しい中国での言語状況である。それは、中国の歴史の見直しの動きと不可分に結びついている。

かつて清朝（一六一六〜一九一二）を立て中国を統一した満州族。新中国建国後は、漢族との同化が進む一方だったが、近時になって民族の歴史や言語に関心をもつ若者が増えているという。急速に発達したインターネットが人びとに満州族文化に接する機会をもたらし、北京では満州語の自主講座も開講されはじめたという。そして、満州族の視点から歴史を見直してみようとの試みもはじめられたのだ。最近、ウェブサイトの掲示板で、漢族と満州族とのあいだで歴史論争がしばしば起きているという。具体的にいうと「満州族の支配がなければ、中国は発展していまごろは米国のようになっていたはずだ」「いや、満州族は歴史上もっとも強大な中国をつくった。中国の現状はもっと長い文明の視点から考えなければならない」といったようなかたちで論争がはじまっている。

故宮の門額に残る満州文字

ひとこと補足するならば、明治初年、阪谷素（前述）も「漢満文字・言語の異

満州族

中国東北地方を故地とし、河南・甘粛・北京・天津など全国各地に約一千万人が居住する。一般に漢語・漢字を使用している。ほとんどが漢族の名前を使い、服装や顔立ちでは見分けるのは困難であるという。満州語は清朝では公用語であったが、現在では使える人は少ない。満州文字は一六世紀末、モンゴル文字からつくられ、北京の故宮の門額の一部に漢字と並んで残っている。

同夥多なるを厭う」（『明六雑誌』所収）と述べているように、中国における漢満文字や言語の煩雑さには予想以上のものがあったようだ。

多民族が共存する国家である中国、経済発展に伴う急激な社会変化の中で、自民族の文化や言語に強い関心をもつものの登場もうなずけよう。現にチベットやウィグル族のように漢族との衝突も起きていることからすると、このような事柄を含めて民族と国家についてあらためて考えてみる必要があるように思われる。そして、その環には言語の問題があることはいうまでもない。

（4）言語の絶滅

絶滅していく言語

《何故言語が絶滅していくのか》（朝日新聞　二〇〇六・四・一二）は、日本新聞協会の公開シンポジウムの基調講演を載せた記事だが、頭書のテーマで行われたシンポジウムで「ＩＴ革命、負の側面克服を」と題して柳田邦男は講演した。少数民族を含め数千の言語は、グローバリゼーションの影響下で二十一世紀末までには約九割が死に絶えるだろうといわれていると述べ、こうした動向は「市場主義とＩＴ革命がもたらす未来を象徴している」とまとめた。

そのような中、日本では地道に広がる読み聞かせ活動、学校での朝の読書、方言を守る活動などが行われていることの重要性を述べ、あらためて新聞の重要性を指摘、「言葉を断片化、記号化させるネット社会の中で、人の心のひだを大事にし、考える力を育て、生きがいを考えるという短文や記号では済まない問題に新聞がどうチャレンジしていくか」という発言をしている。ＩＴ化により急速に変化してきている一連の社会現象に対する一つの提言である。そしてまた、「言語」とはややずれるが、柳田と同じようなことが作家によって発言された。

日本語の変化

《政治と言葉　コピーの文体を追い出せ》（朝日新聞　二〇〇八・一・九　池澤夏樹）によると、ここ何十年かのあいだに日本語の性格が大きく変わってしまったという。すなわち、新聞広告、テレビのコマーシャル、無数の看板とポスター、商品に直接書かれた説明文、それはそれでよいが、その軽さがごく普通の人びとの言語生活全体に染まってしまったことに苦言を呈している。本来、ことばとは「家族や友人に気持ちを伝える道具であり、自分の心を律するものであり、用語を厳密に定義した契約書の文言であり、哲学や信仰の拠り所」であったが、ちまたには軽い商品的なことばが横行している。このような嘆かわしい状況に対するにはどうすべきなのかと自問しながら、池澤は作家らしく「重みのある実質のことばをぶつけていくしかない」と自答している。

「沖縄語」のとらえ直し

《著者に会いたい　沖縄でいま言文一致運動》（朝日新聞　二〇〇六・一二・一七）をみよう。この記事は比嘉清著『うちなあぐち賛歌』の刊行によせて、「沖縄語の創作・普及活動」を伝えたものである。庶民が「文章語」をもたなかった沖縄では、「文学というものは日本語で書くもの」、自分たちの言語は「汚いことば」と観念してきたという。しかし、「沖縄語と和語は古く日本語から分かれたもので、従属ではなく対等」「沖縄語は和語の方言ではない」という立場から、「沖縄語」をとらえ直そうとする。著者は「鍵は、現代日本語のように漢語を沖縄語にどう取り入れるか。沖縄人が漢語に抱く違和感を克服する道を自らの実践・創作に託す」と発言している。結局、この動きは、これからの沖縄が進むべき道を切り開いていくために、自分たちの歴史や伝統・文化の見直しの一環として提起された大きな取り組みである。

ところで　日本語は？

このような議論のさなか、出版業界もにぎやかだ。『日本語が亡びるとき』（水村美苗著　筑摩書房）が刊行された。サブタイトルは「英語の世紀の中で」とされている。パソコンが急速な普及を示し、使うことば・文字・言語などの多くが英語で処理されるようになってきたことによる大変化をついたものである。本書を講評した鴻巣友季子は「英語の国・米国は今や、言葉を翻訳〝される〟ばかりで翻訳書をあまり出さない。この対話の不均衡が英語の地位を揺るがす日が来ないとは誰にも言えないのではないか？」（朝日新聞　二〇〇八・一一・一六）と述べるが、何かしら暗示的な発言にも思われる。

以上、いくつかの新聞記事によりながら、私たちをとりまく言語状況についてみてきた。日頃何気なく使っている文字やことばや文章は、いまや確実に大きな流れの中に組み込まれ下流へ下流へと流れていっている。そうした大きな流れに逆らうことは容易ではない。しかし、時には立ち止まりしっかりと上流を眺めることも必要なのではないか。そしてまた、時にはその流れを歴史的にさかのぼってみること、その中から知らず知らずのうちに失ってきてしまったものをすくい上げること、また、捨ててはならないものをしっかりと掌握することを忘れてはなるまい。そして、大切なものを抱えて再び流れに乗っていく。このような反復が、いまという「急変」のとき、とくに必要なのであり、一人一人がそれを意識することが求められているのではないだろうか。

第三章 外来語

日頃無意識に口をついて出る「外来語」、これもわかっているようでわかりにくいものの一つであろう。辞書をみると、「他の言語より借り入れられ、日本語と同様に日常的に使われるようになった語。『ガラス』『ノート』『パン』の類。広くは漢語も外来語であるが、普通は漢語以外の主として西欧語からはいってきた語をいう。現在では一般に片仮名で書かれる。伝来語。」（『大辞林』）と記されている。この記述もまた何とも曖昧模糊としている。しかし、この曖昧さの中に表現しにくいいろいろな妙味が潜んでいるのではないかと思うと、何かしら心が浮き立つ。おのずと、人によって「外来語」に関するとらえ方や期待の仕方も異なってくる。そんな不確定要素をたくさん含んだままではあるが、「外来語」をめぐる動きの中に、文字やことばを考えていくにあたって看過できない多くの事柄が含まれているので、しばらく思いをめぐらせてみたい。そして、これらの「外来語」に関するいくつかの発言を通して、新しいもの、知らないものに立ち向かう人びとの工夫と営為とをとらえられればと思う。

（1）「外来語」の登場

一般にいわれている外来語の登場は、幕末明治初期にかけて大きな画期を迎える。続いては昭和初期、第二次大戦後、そして現在。もちろんこの過程で、外来語の概念は変化してきていると思われるが、ここでは問わないでおこう。一九七七年二月十四日の「天声人語」の中で、「ペースメーカー」を「ヘルスメーター」、「デリケート」を「バリケード」と間違える人がいるという指摘をしている。以来、「カタカナ語」は日に日に増加し、何とかしなくてはならない状況に立ちいたったのが最近のことである。といっても、すでにかなりの時が流れてしまっているが。しばらく新聞の記事をみながら外来語をめぐる発言を聞こう。

（2）「外来語」の言い換え

米川明彦「外来語―言い換えと俗語化―」（『出版ダイジェスト』一九八三号　二〇〇四・一一・二〇）は、外来語についていくつかの問題を提起している。《外来語言い換え案三三語　メセナ、フォーラム……四語断念　国立国語研》（朝日新聞　二〇〇四・六・三〇）の記事を組み込みながら本稿の要点をみよう。

①外来語の普及について：昭和初期に「氾濫」の時代を迎えた。当時、数多くの「モダンゴ辞典」が出版されたが、その中身の多くは外来語であった。しかし、だからといって、それらがどの程度に「流通浸透」したかというと、はっきりとはしていない。別途に、理解度や使用のされ方についての検討がなされなくてはならないだろう。それはともあれ、これらの語は官公庁が出す文書や白書の中にかなりの速度で採り入れられるようになっていく。

②外来語の言い換えとその評価について：国際化が進んでいく過程で、このような外来語が「カタカナ語」のまま社会をリードする立場の官公庁文書などで飛び交っていった。しかし、社会一般にはこうしたカタカナ表記の外来語を充分に受け止める受け皿が整っていなかった。そのためにいろいろな誤解を生じることとなり、右に示した「天声人語」にみるように、カタカナ表記の語について混乱が生じ、その見直しが叫ばれるようになる。

③そこで、二〇〇二年、国立国語研究所外来語委員会が設立され、外来語の言い換え案が検討されることとなった。その結果、二〇〇四年六月二十九日、三三語について中間案が発表された。その中間案によると、今回のものは、第一回（二〇〇三・四）六二語、第二回（二〇〇三・一一）四七語に続くものだという。そして、前回から継続審議となっていた「オンライン」「データベース」「フォーラム」「メセナ」の四語については、適当な案がなくて言い換えを断念した。

第３回「外来語」言い換え中間案（2004.6.29）

アカウンタビリティー	説明責任
イニシアチブ	①主導②発議
カウンターパート	対応相手
ガバナンス	統治
コンファレンス	会議
コンプライアンス	法令遵守
サプライサイド	供給側
スキル	技能
スタンス	立場
ステレオタイプ	紋切り型
セーフガード	緊急輸入制限
セットバック	壁面後退
ソリューション	問題解決
ツール	道具
デジタルデバイド	情報格差
デフォルト	①債務不履行②初期設定
ドクトリン	原則
ドメスティックバイオレンス	配偶者間暴力
ハザードマップ	災害予測地図・防災地図
パブリックインボルブメント	住民参画
パブリックコメント	意見公募
プライオリティー	優先順位
ブレークスルー	突破
プレゼンス	存在感
フロンティア	新分野
ポートフォリオ	①資産構成②作品集
ボトルネック	支障
マンパワー	人的資源
ミッション	使節団・使命
モビリティー	移動性
ユニバーサルデザイン	万人向け設計
リテラシー	読み書き能力・活用能力
ロードプライシング	通行課金

※50音順。①②とあるのは二つの意味をもつことを示す。

（解説）　この後、二〇〇四年十月に最終発表。中間案との違いは、①三三語から三二語になる。②削除された一語は「配偶者間暴力」としていた「ドメスティックバイオレンス」（DV）でこれは元配偶者間や事実上の夫婦間の暴力などにも適用範囲が広がっているため「さらに検討が必要」として今回の言い換えを見送った。③「通行課金」とした「ロードプライシング」は駐車など通行以外の道路利用への適用を考慮し「道路課金」とした。④各語の「その他の言い換え例」では「ステレオタイプ」（紋切り型）の「典型」を「類型」に変更し、「リテラシー」（読み書き能力・活用能力）に「読み解き能力」を加える。以上のような変更が行われた。やや詳細に記したが、「世論」の声や状況の変化がよくわかる。

④そもそも外来語の見直しは、二〇〇一年以降の官公庁の白書や広報、新聞などで使われた外来語の中から検討対象語として六五語を選び、理解率五〇パーセント未満の三三語の言い換え案を出したものであるという。そして今回言い換えを断念した四語（メセナ、フォーラム、オンライン、データベース）について、「メセナ」は固有名詞としての性質も強いので慎重に、その他は近い将来定着することが予想されるというのが理由である。また、継続審議だった「ユビキタス」は引き続き検討することとなった。そして、二〇〇二年から「外来語」委員会を設けて検討してきたが、第四回（二〇〇四・八）で一区切りにする予定だという。

⑤外来語の俗語化について：外来語の省略形に和語の「る」という動詞化する接尾辞をつけた語が使われるようになる。「サボる」「ハモる」「ミスる」「メモる」などがある。こうした「る言葉」は、古くは明治時代の女学生ことばにみられたという。この「る言葉」は、外来語が増える大正時代に急増する。「オペる」「コスメる」「サボる」「デカる」（デカダンから）「デコる」（デコレーションから）「デモクラチる」（デモクラシーから）「ハイカる」（ハイカラから）など。そして、昭和初期のモダン流行時代（一九三〇年前後）になるとさらに増える。

このように外来語は、「普及浸透」していき、それは「一般化」し、一方で俗語化されて「特殊化」されて通用していく。外来語とひとことでいっても、見方によってずいぶんといろいろな問題を含み込んでいるのがわかる。そして、さらには「ことばは何のためにあるのか」「理解するとはどういうことなのか」「意志の疎通をはかるにはどうしたらよいのか」といったことがあらためて問われた。

（3）優れた表記の外来語

《外来語　優れた表記の伝統復活を（王瑞来　中国文学）》（朝日新聞　二〇〇六・六月）は示唆的である。

外来語というと、いまではともするとの「カタカナ語」を指すものとの思い違いも少なくないが、もう一歩深めたところで、王瑞来の発言は注目される。氏は「日本は明治維新の前から多くの欧米のことばを巧みに日本語に吸収してきた。外来語の定着は、従来の日本語を変貌させただけでなく、漢字の母国である中国語にも大きな影響を与えた」として、現在の中国語には数多くの語彙が日本語から採り入れられているという。たとえば「科学」「歴史」「革命」「自由」「手続」「取消」などがあるという。これらの語は、いまならば、さしづめ「カタカナ語」として表現されるところであろうが、幕末明治期、当時の人はこれらの欧米の語を意訳して、右の語のように漢字で表現し、外来語として新たな語彙につくり上げた。氏は、このような方法で西欧の語を概念化して日本語として表現したこと、これは「近代日本語の誇りであろう」と述べている。現在高齢者をはじめ多くの人びとを悩ませているカタカナ語の氾濫に対する一つの提言でもあるといえる。

また、カタカナ語を意訳しないで、それを漢字で表現したもので成功しているものがあるとして「倶楽部（クラブ）」と「珈琲（コーヒー）」をあげる。現にこの二語をパソコンに打ったところ、即時にこの表記が出た。長い歴史を潜り抜けてなお、この表現が生き続けていることの事実をあらためて噛みしめておきたい。

さらに、近代中国における状況と日本を比較した王氏の発言に留意したい。近代中国では、はじめ意訳的な外来語が使われたが、わかりにくいことからしだいに「意訳」あるいは「音義兼備」の表記に代わったという。しかし、なかなか採り入れられず、やはり日本製の方が浸透したという。その事例として、「デモクラシー」という語をあげている。はじめ中国では、音に合わせて「徳莫克拉西」としたが広まらず、日本製の訳語「民主」が採り入れられ定着した。「テレホン」も、中国では音訳で「徳律風」と表記されたが、やはり日本製の意訳「電話」が浸透したという。

この記事は、二十一世紀というい　ま、波のように押し寄せているカタカナ語について、「近代日本」がつくり出した日本製の意訳および「音義兼備」した表記の二本立てで、外来語の吸収の道を探索してはいかがだろうかという積極的な提言ともなっている。

「クラブ」「倶楽部」について

明治三十四年再版の『日本社会大事彙・上』によると「英語のclubを転用したもの。はじめは『苦楽部』と書き、苦楽を共にする意を寓したが、苦の字は面白くないというので、倶の字を以て、それに代え用いるようになった」という。

第四章　いろいろな用語

ひとくちに「用語」といっても、それぞれの分野で多様な使われ方をする。生活に密着しているもの、日常とは切り離されて存在しているようにみえるものなど多彩を極める。そんな用語についてこれまた新聞記事によりながらふれてみよう。あまり耳にするようなこともないような呼ばれ方をする用語もあるが、それらを含めて決して私たちの日常と無縁なものではないし、それぞれの発言は文字やことばを駆使していかなければならない私たちに有益な示唆を与えてくれる。

（1）いろいろな用語

行政用語について

《行政用語　障害を「障がい」とする意味は》（朝日新聞二〇〇九・一・二三　私の視点　後藤勝美）という投書記事が目に止まった。岐阜県の福祉課が課名を「障がい福祉課」に変えたこと、今後、公文書には「障害」を「障がい」と記すことになったということに対する意見である。岐阜市の調査によると、このような変更は五〜六年前からはじまり、県内八市町、全国でも七道県、四指定市、七中核市に拡がっているという。

こうした動きに疑問を抱き投書を寄せたこの発言は、次のようなものであった。「害」をなぜ平仮名にするのか、なぜこれまでのように漢字ではいけないのかと役所に尋ねると、「害」は悪いイメージがある、負の面を感じる、不快感などがその理由だという。たしかにかつて（常用漢字表が設けられる以前のこと）、「障碍」「障礙」という語で表示されてきたことがある。しかし、これらも「さまたげる」という意味であるから適切とはいいがたい。本来は、社会環境や政策的不備がある不自由さが問題なのであり、それこそが「障害」である、言い換えれば、そういう人は「社会的被害者」であり、ここでいう「障害」の「害」にはそのような意味が含まれている。だから、この社会的被害を取り除くことが必要なのであり、単なることば上の問題なのではない。たとえ「害」を「がい」と平仮名に変えたところで前述の「社会的被害」が変わるわけではない。それどころか、その被害をあいまいにしてしまい、あげくには「害がなくなったという風潮を広めることに成りはしないか」といった内容のものである。

日頃何気なく語られている「用語」も、一歩突っ込んでみるといろいろな意味合いをもって問題が出現する。ずいぶん前のことになるが、これと通ずるようなことに行き会った記憶がある。テレビの天気予報の際、「表日本」「裏日本」という語が用いられていたが、この「裏」「表」という表現には差別が感じられるとして退けられて以来、こうした場合には○○地域・□□地方と表現されるようになった。このような類はあまたあるが、この岐阜県における「行政用語」の一件は、「害」という文字およびその意味の見直しを促す。そして、社会の状況、人びとの歴史認識により、ごく自然にかつ当然なものとして公的に使われている「行政用語」も随時変化を遂げていくことになる。

医療用語について

患者と医師の対話は、多くの場合不安の中ではじまる。医療に関する用語の難しさは一通りではない。双方のあいだでの話し合いがスムーズにいくように、その用語はもっとやさしいものであってほしいという声は多い。

九十六歳の医師日野原重明は、二〇〇八年七月上旬の朝日新聞で《医療の難解一〇〇語言い換え》の記事をみたとして、自らが医療に携わっている立場から一言している。専門の立場からいっても医療用語の難解さは言をまつまでもなく、医者のあいだでは当然のことのようにして使われているいくつかの用語を挙げ、それらの言い換えを紹介している。たとえば、「嘔吐」「悪心」→「吐く」「むかつき」、「るいそう（羸痩）」→「痩せた」、「失禁」→「尿もれ」、「寛解」→「一時的・継続的に症状が治まった」、といったものである（朝日新聞　二〇〇八・九・一三）。

こうした状況の中、《患者の心的負担減らす「医療の難解語」言い換え手引》（朝日新聞　二〇〇八・一

わかりやすい医療用語のための中間報告

わかりにくいことば	言い換え・説明案	患者が誤解しやすい点・使うときの注意点など
■分類A：日常語に言い換えるべきことば		
寛解	症状が落ち着いて安定した状態	「治癒」とは異なり、再発する可能性も。患者を安心させたいのか油断させたくないのかにより説明に工夫を。
生検	患部の一部を切り取って、顕微鏡などで調べる検査	メスを使うのか針を指すのかなど、具体的な方法や結果を知る方法･時期も伝えたい。
重篤（じゅうとく）	病状が非常に重いこと	医療者間だけで通用。重症・重体などの使い分けもあいまい。
予後	見通し、今後の病状についての医学的な見通し	余命の意味で「予後は半年」と使うと「あと半年でよくなる」と誤解する危険性も。病気が悪化するなら具体的に説明を。
耐性	抵抗性、細菌やウィルスが薬に対して抵抗力をもつようになり、薬が効かなくなること	「人が病気や薬の副作用などに耐える性質」との誤解があるので、「菌が」などの主語を明確に。
■分類B：明確に説明する		
腎不全	腎臓の働きが大幅に低下した状態	「働きは不十分だがまだまだ大丈夫」と軽くみる傾向がある。
潰瘍（かいよう）	病気のため体の一部が深いところまで傷ついた状態、ただれ	病名だと誤解する人が多いが、状態のこと。「潰瘍性癌」を胃潰瘍のように軽く受け取る人もいるので注意。
糖尿病	高血糖が慢性的に続く病気、高血糖症	「糖」を砂糖だと考え、甘いものの取りすぎで起きるという誤解が非常に多い。
尊厳死	患者が自らの意思で、あえて延命処置を行うだけの医療を受けずに死を迎えること	安楽死と同じという誤解が多い。安楽死は末期患者の苦痛を取り除き、死期を早めるのが目的。
ポリープ	胃や腸の内側にできる、いぼやきのこのような形のできもの	すべて悪性ではない、小さいうちに取り去った方がいい、との誤解が多い。
合併症	①（病気の合併症）ある病気が原因になって起こる別の病気　②（手術や検査などの合併症）併発症、手術や検査などの後、それがもとになって起こることがある病気	①は必ず起こる、または偶然起こる、という誤解がある。②を医療ミスや医療事故だと誤解する人も多い。
貧血	血液の中の赤血球や、その中の色素が減っている病気	日常語では立ちくらみを起こして倒れる「脳貧血」も指すので、「貧血」という診断も脳貧血のことと誤解する人が多い。
既往歴	病歴、これまでにかかった病気や手術（などの診断の記録）	虫垂炎など軽かったと感じている病気は含まれないと誤解する人も。
■分類C：重要な新概念なので普及させる		
インフォームド・コンセント	納得診療、説明と同意、納得できる医療を患者自身が選択すること	医療従事者は「手続き」ととらえがち。患者が主体的に選び取る医療という理念を理解する必要がある。患者や家族が理解したか確認しながら話を進める。
QOL（クォリティーオブライフ）	その人がこれでいいと思えるような生活の質	患者がどれだけ満足できるか、という観点からみることが大事。

〇・一一三）という記事がみられた。それによると、国立国語研究所（立川市）の「病院の言葉」委員会が、同十月二十一日、難しい医療用語を患者にわかりやすく説明するための手引きの中間報告をまとめた。委員会は、八月、医療従事者でない四二八〇人を対象にインターネット上で尋ね、その結果をふまえて、医療用語を次のように分類した。すなわち、Aグループ＝半分以上の人が知らなかった用語で原則として「日常用語に言い換えるべきだ」というもの　Bグループ＝さらに「明確に説明する」必要のある語　Cグループ＝「重要な概念なので普及させる」もの　に括った。ちなみに、Aグループには寛解・生検・重篤・予後・耐性、Bには腎不全・潰瘍・糖尿病・尊厳死・ポリープ・合併症・貧血・既往歴、Cにはインフォームドコンセント・QOL（クオリティーオブライフ）といった用語が分類された。このように分類されたものの、やはり医療用語は難しい。

この記事を受けて、朝日新聞の「天声人語」（二〇〇八・一一・五）は、「医療用語」の難解さに寄せて、国立国語研究所の委員会が、まず五七語についてまとめたことを報道。「浸潤」は「がんがまわりに広がること」、「寛解」は「症状が落ち着いて安定した状態」などを事例に採り上げるとともに、カタカナ語の多いことを指摘した。

裁判用語・法廷用語について

この用語について注目されるのは、二〇〇九年三月二日の朝日新聞の記事である。裁判員制度が二〇〇九年五月からはじまるのに備えて、全国手話研修センター（京都市）の日本手話研究所が法廷でよく使われる五〇語の手話を開発したという。聴覚障害者が裁判員になったときにも、審理内容が正しく伝わるように普及をめざしているという。今回の開発対象は、「法廷用語の日常語化」をめざす日本弁護士連合会のプロジェクトチームが取り上げた六二語。「証拠」「共謀共同正犯」「未必の殺意」などであるという。このような「裁判用語」「法廷用語」などもまた、状況との関わりで、次々と取り組みが行われている。

こうした記事との関わりで、「法令用語」（法律用語）についての次の発言に出会った。読書欄で、渡辺賢二が、森秀樹著『国際協力と平和を考える50話』を紹介した記事の中で述べられていたものである。「法律用語」でいうと、「時」と「とき」「場合」とは意味が違うという。「時」は時点・時刻をさすが、「とき」と「場合」は仮定をさし、レベルが低いのが「とき」であり、高い方が「場合」だという内容のものである。日頃何気なく無意識に使っている用語も、その筋からみると重要な意味をもってくる。やはりことばは難しい。

流行語について

ことばは絶えず動いている。いわゆる「流行語」といわれる用語をしばしば耳にする。このところ毎年、一年の世相を反映したことばを選ぶ「ユーキャン新語・流行語大賞」（『現代用語の基礎知識』編）

が関心を呼んでいる。

二〇〇六年の大賞には「イナバウアー」(プロスケーターの荒川静香がトリノ五輪の氷上でみせた得意技)と、「品格」(数学者藤原正彦著『国家の品格』から広まる)が選ばれた。スポーツ関係では「シンジラレナーイ」(日本ハムファイターズのヒルマン監督が発した語)、「ハンカチ王子」(早稲田実業の斎藤佑樹投手のニックネーム)がトップテン入り。その他芸能界や社会状況を揶揄するような語も選ばれた(朝日新聞　二〇〇六・一二・二)。そして、二〇〇七年には「ハニカミ王子」「(宮崎を)どげんかせんといかん」が大賞に決まったという(朝日新聞　二〇〇七・一二・五)。

ところで、このような「大賞」はどのように選ばれるのだろうか、また、過去のこれまでの「大賞」を受けた「流行語」で、いまも人びとの記憶に残っているものにはどのようなものがあるだろうか。

そもそも、「流行語」大賞は一九八四年に創設された。『現代用語の基礎知識』の編集部が同年から、毎年二万語が消えていく中で流行語を後世に残すというねらいから生まれたという。編集部が選んだ約一二〇語をもとに、五人の選考委員が五点満点で採点し、合計点が多いものをピックアップ。六〇語に絞り込み、十一月に公表、次に点数をもとに委員が話し合いトップテンを選ぶのだという。そして、肝心の大賞は事務局に委ねられるというものである。

東京銀座、有楽町、渋谷で十代から七十代の男女三〇人に過去二三年間の大賞(一九九〇年以前は流行語部門の金賞)で、よく覚えていることばと、忘れたり、そもそも知らないことばに、印をつけてもらった。その結果は下の表のようであった。ことばの盛衰、誕生・消滅、めまぐるしく変化していく状況の中で、私たちは何を捨て、何を保持していかなくてはならないのだろうか。

便利語について

『潮流』（二〇〇六・九・二九）で初めて耳にした語彙「便利語」をみつけ思わず目をとめた。そこには次のようなことが記されていた。「便利語」とは、文字どおり便利なことばで、いちいちことばを選んで気持ちをあらわすのが面倒で、きちんと伝えられるかどうかもわからないときに登場するという。作家の井上ひさしによれば、「よく言えばその気持ちを便利語に託して表し、悪く言えば怠けてすべてを便利語にまかせてしまう……一種の決まり文句」（『井上ひさしコレクション　ことばの巻』）であるという。そして、井上が戦後の三大「便利語」としてあげたのが、「どうも」「すみません」「やっぱり」である。「決まり文句としての安定感が柔らかさを加え」すべてをぼんやりさせてしまうということば。たしか

東京で尋ねた「よく覚えている流行語は？」

受賞語（年）		順位
イナバウアー	(2006)	1
「だっちゅうの」	(1998)	2
「おっはー」	(2000)	3
IT革命	(2000)	3
きんさん・ぎんさん	(1992)	3
想定内（外）	(2005)	6
オバタリアン	(1989)	7
マニフェスト	(2003)	8
リベンジ	(1999)	9
なんでだろう～	(2003)	10
失楽園（する）	(1997)	10
懲りない○○	(1987)	▲5
雑草魂	(1999)	▲4
友愛／排除の論理	(1996)	▲3
「今宵はここまでに」	(1988)	▲2
まるきん　まるび	(1984)	最下位

※90年以前は流行語部門・金賞語
以降は大賞が対象
※順位は上位10人と▲は下位５位

に使う方にとっては便利な語ではあるが、はたして聞かされる立場に立ったときにはいかが。こんな記事にも、ことばが「乱れている」「揺れている」いま、あらためて思いをめぐらせてみるときかもしれない。

いわゆる用語というのではないが、さりげなく語られている語にもしばし足を止めてみたくなる。

（2）語にみる文字の配列が語るもの

和語と漢語

「めおと」（和語）・「夫婦」（漢語）：無意識に使っている語について、その並べ方、文字の順序が時には気になることがある。たとえば「男女」や「夫婦」の表記について。漢語で綴られる語で男女関係に関わる表記は、大方男が先に配されている。男優先の社会が生み出した漢語は、当然のことのように男—女の順に表記される。和語中心の社会へ漢字が導入され、以来、漢語が和語化するかたちで進んできた。語の順序に注意してみると、「男女」「夫婦」をはじめ、多くの語は重視されている方がはじめに配されている。たとえば、上下・主従・士庶・師弟・父母・親子……などといった具合である。このことは、歴史的にみて文字にも語にも、そしてことばにも格差があることの証でもある。そのような中にあって、「めおと」という表記が注目される。これは「和語」であり、この場合は女が男より先に配されている。このことは、漢字導入以前の日本の歴史をみていくときの一つに指標ともなる問題であるが、ここでは指摘するにとどめておく。

用語の転換・変化の理由

《呼び名に潜む大きな溝　「東北アジア」か「北東アジア」か》（朝日新聞　二〇〇三・一一・一二　和田春樹）は、ことばの変化や転換にはしかるべき理由のあることを語っている。

「北東アジア」ということばが、日本の外交文書の中に初めて登場したのが一年前のこと。日本以外の漢字圏の国々では、「東南アジア」と並んで「東北アジア」といういい方が確立していた（それまでの日本においてもしかり）。漢字文化圏では、「東西」を前に出して「南北」を後ろにつけるのが「不動の語順」であったという。ところで、ヨーロッパ語では英語のように「Northeast Asia」であり、直訳すると「北東アジア」となる。明治以降、日本は欧米から十六方位の考え方を学び、その際、直訳して北北東、北東、東北東、東南東、南東、南南東とせざるをえなかった。しかし、一般に表示したり語ったりすることばとしては、「東北」「東南」そして「東南アジア」とされることが多かった。

その後、外務省は一九五八年五月に、アジア局の第一・二・三・四課を、中国課・北東アジア課・南東アジア課・南西アジア課と改称した。「東南アジア」という名称が確立しているのに「南東アジア」としたという。そして、今回の外交文書の中の表現もこれに連動して転換した。これについて和田氏は、このように歴史的に経緯してきた漢字文化圏のことばをとらず、英語の直訳である「北東アジア」を使うのは「小さな脱亜入欧」であろうと結んだ。

このように、ことばというものは、単に「揺れ動く」といった自然的なものではなく、明らかな理由があることも多い。「変化」「転換」などの状況に出会ったならば、必ずやそれなりの理由があるのではないかと目を止めてみることが大切であろう。

(3) ことばを噛みしめよう

《鯛の日本語VS駱駝の中国語》（朝日新聞　二〇〇八・七・一二　莫邦富）は次のようなことをいう。同じ漢字文化であっても中国語と日本語には多くの違いがある。「腐っても鯛」は中国語では「痩死的駱駝比馬大」となる。痩せて死んだ駱駝でも馬より大きいという意味だ。日本の海洋文化と大陸の牧畜文化の違いが、この二つのことわざに端的にあらわれている。また、日本語では魚の卵類を「はらご、からすみ、数の子、筋子、白子、鱈子、ブリコ」などさまざまに表現する。しかし、中国ではこのように呼ぶ習慣はなく「魚子」と一つのことばで表現する。一方、豚肉については、中国語の方が多様に表現するという。髗（はらさき）、腓（脛の背面の膨れている部分の肉）、腴（下腹の肥えて軟らかい肉）などを氏は挙げる。今日でも、里脊（ロース肉）、槽頭肉（豚の首筋の部分の肉）、五花肉（赤身と白身が重なる肉)、肋条(肉がどっしりと付いた肋骨)などが日常的に使われているという。

日本も中国もともに漢字文化圏に属しているのだが、それぞれどのような生活に基盤をおいているかによって、文字やことばの発達が大きく異なってきていることを如実に知ることができる。

ところで、私たちは日頃、何気なく「国語」という用語を使っているが、この語はいつ頃から呼ばれるようになったのだろうか。ある人は、前島密の慶応三年の上書に端を発するのだという。以来、明治初年には、「本邦語」「御国語」「皇国の言語」「邦語」(西洋語に対する日本語)など、多様な表現がされてきた。

しかし、「国語」がそれとして定着したのは、どうやら次のような説が有力のようだ。すなわち、明治二十七年ヨーロッパから帰国した上田万年の

「小供」「子供」「子ども」

読者諸氏は、「こども」を表記するときに、右のどれを用いるだろうか。夏目漱石は、「小供」とも「子供」とも書いている。漱石が「誤字、脱字、癖字の名人」であることはよく知られており、その漱石が書いたのだから単なる混同かというとそうでもないようだ。漱石は「大人」に対する反対概念として「小供」を使い、「子供」は親に対する「こども」として使っているという(『背表紙』二〇〇七・一二・九)。

ところで、十八世紀のフランスの思想家ルソーは「子どもは小さなおとなではなく、独自の感じ方や思考方法をもつ存在で、それを尊重するところに教育の原点がある」という。このようなことを考えると「小供」はいうまでもなく、「子供」と表示しても、大人に従う「お供」とみなすことになってしまうのでおかしい、だから自分は「子ども」と記すという意見もある(『潮流』二〇〇七・一・二六)。

見解によれば、彼のいう「国語」は、単なる「国のことば」の漢語的な言い換えではなく、「国家」「国体」を念頭においた近代的な政治学的な配慮を経た造語であるというのだが、ここでは、「日本語」を意識したうえで、この「日本」を「日本国」に置き換え、それに「語」を加えた「日本国語」から、改めて「国語」を取り出したのではないかという（田中克彦『ことばと国家』岩波新書）。つまり、「国語」は、近代日本国家の誕生と切り離せないものであり、きわめて意識的に生み出されたことばであるというのである。何気なく口をついて出ることば一つ一つに思いをめぐらせてみることの大切さをあらためて思う。

おわりに

二十一世紀のいま、文字やことばは大きく動いている。この動きをどのような方向へシフトさせていったらよいのだろうか。心地よく流れに身を任せるのもよいが、時には流れ行く先をみつめ、「おやっ」と思ったならば軌道修正をしなくてはならないだろう。

日本の歴史を振り返り、これまでの道のりをたどってみるとき、どうやらひとり「日本」だけを切り離していてはことは進まない。日本の立ち位置をあらためて考えてみる必要があるようだ。東アジアに位置し、漢字文化圏との深い関わりをもちながら歩んできた日本、あらためて東アジアの一員として、漢字文化圏のこれからのあり方、これからの方向性を探っていくことが求められている。そしてもちろん世界の一員として。

そこで、「漢字文化圏」に言及した二人の発言を聞こう。

《漢字文化圏　東アジアの絆を認識しよう》(朝日新聞　二〇一〇・二・一八　王敏)は、次のようなことを述べている。

・モスクワで「愛」や「吉」「和」のデザイン字をはめ込んだアクセサリーをみたこと。欧米では、漢字をファッション化したTシャツの柄が流行している。

・早くから漢文は国際語であった。江戸時代、朝鮮通信使と日本とは漢文を主体に交流したこと、また幕末、ペリー来航で結んだ日米和親条約も漢文が英語と並んで公式文書とされた。

・中国も朝鮮も日本も古代から漢字という共通手段で交流してきた文化圏にある。

・漢字文化を共有した結果、明治以降に日本人が西洋文献の飜訳でつくった和製漢語が中国や朝鮮でも取り入れられた。「中華人民共和国」という国名のうち、「人民」も「共和」も和製漢語であること。中国で使われている和製漢語は少なくとも千語以上にのぼるという。そして、漢字ほど西洋の思想や科学知識を自分たちのことばに置き換えるのに便利だった文字はない。

・日本人は古代に平仮名・片仮名だけでなく、国字も創作して知恵を養い、西洋語に出会ったとき、いち早く漢語訳を成功させることができた。

氏の主張を要約すると以上のようである。そして氏は、これまでは「中国文化圏」とか「儒教文化圏」と呼ばれることが多かったが、このような呼び方は日本や朝鮮半島の文化的影響を軽視しているかのようにみえる。そこで、東アジアの文化を含み込むことができる「漢字文化圏」という表現をとり、東アジアの絆を認識しようと提唱した。

次に加藤周一が二〇〇五年一月、香港で行った講演に耳を傾けよう。

東北アジアは漢字文化圏で、歴史的には中国が中心です。とくに朝鮮半島と日本は漢字を取り入れた。日本語の語彙の半分以上は「漢語」です。江戸時代まではまさに漢字文化で、文化の基底に中国の古典を踏まえていた。教育が普及していたから、ある程度以上の教育を受けた階級の韓国人と日本人は、漢字を通じて相手の言い分を理解することができた。江戸時代に朝鮮使節（通信使）が来て、日本の儒者が会えば、話はできないけれども、筆談ならかなり複雑なことでも自由自在にわかりあえたのです。

日本にも中国にも、韓国にも、第二次大戦後、ことに六〇年代以後、英語が非常に強い力で入ってきます。二一世紀には、その圧力がもっと強くなると思います。では日本語が圧迫されて、駆逐されてよろしいか、中国語が圧迫されても構わないかというと、そうはいかないのではないかというのが私の立場です。自分の国の文化的根幹、基礎、アイデンティティを守るためには、国際語の無制限な進出を、そのまま看過できないでしょう。そこで、ある程度、国際語の影響をバランスするためには、日本語を擁護するだけではなく、中国と韓国と日本、東北アジアにおいては、少なくとも半分国際的な言葉であるところの、筆談可能な言語を復活させたほうがいいのではないかということを考えました。この三国では、漢字文化を千年以上も共有し、いわば肉体化している部分がある。そこに大きな意味があるのではないか。それには、日本人だけが決意しても何にもならないので、三国の協定が必要です。また、教育を伴うから大がかりな話にもなります。そうすると、筆談可能性の回復運動は、同時にその過程で、三国間の文化的交渉を深めることにもなるでしょう。

加藤はこのような話をしたが、ちなみに、そのときのことばは英語だったという。国際的な会議の席上で、二十一世紀に向けて漢字・漢字文化の重要性を英語で訴えた。

参考文献

天埜　景康『小学ローマ字新読本　SHOGAKU ROMAJI SHIN-TOKUHON』浅見文林堂、一九二四年
川副桂一郎『標準ローマ字女子読本 HYOUJUN ROMAJI JOSHI TOKUHON』岡村書店、一九二四年
山田　孝雄『仮名遣の歴史』寶文館、一九二九年
平野　岑一『文字は踊る』大阪毎日新聞社、一九三一年
菊澤　季生『国字問題の研究』岩波書店、一九三一年
語言研究会編『漢字起原の研究』成光館書店、一九三四年
金澤庄三郎『文と字』創元社、一九四七年
慶應義塾編『福沢諭吉全集三』岩波書店、一九五九年
池田弥三郎『ゆれる日本語』河出書房新社、一九六二年
『Romaji Sekai』五六三号、一九六四年四月
真下三郎編『女性語辞典』東京堂出版、一九六七年
藤堂　明保『漢字と文化』徳間書店、一九六七年
明治文化研究会編『明治文化全集18　教育編』日本評論社、一九六七年
小松　茂美『かな』岩波新書、一九六八年

白川　静『漢字』岩波新書、一九七〇年
藤枝　晃『文字の文化史』岩波書店、一九七一年
吾郷清彦『日本神代文字』大陸書房、一九七五年
久世善男『外来語の散歩道』朝日ソノラマ、一九七五年
斎藤　毅『明治のことば』講談社、一九七七年
高梨健吉『文明開化の英語』藤森書店、一九七八年
寿岳章子『日本語と女性』岩波新書、一九七九年
田中克彦『ことばと国家』岩波新書、一九八一年
山川菊栄『武家の女性』岩波書店、一九八三年
『言語生活』三八七号、筑摩書房、一九八四年
金田一晴彦『日本語　新版上・下』岩波新書、一九八八年
岸　俊男編『日本の古代　四』中央公論社、一九八八年
『日本近代思想大系』六-11、岩波書店、一九九一年
『久米邦武歴史著作集』三-五、吉川弘文館、一九九一年
『国文学　解釈と鑑賞』五六-七、至文堂、一九九一年
佐藤武義編『概説日本語の歴史』朝倉書店、一九九五年
杉浦　正『岸田吟香』汲古書院、一九九六年
中村雄二郎『述語集Ⅱ』岩波新書、一九九七年

平井　昌夫『国語国字問題の歴史』三元社、一九九八年
山室信一・中野目徹校注『明六雑誌』上、岩波書店、一九九九年
西田　直敏『日本語史論考』和泉書院、二〇〇一年
新川登亀男『漢字文化の成り立ちと展開』山川出版、二〇〇二年
加藤周一・一海知義『漢字・漢語・漢詩――雑談・対談・歓談』かもがわ出版、二〇〇五年
石川　九楊『二重言語国家・日本の歴史』青灯社、二〇〇五年
一海知義・筧久美子・筧文生『漢語四方山話』岩波書店、二〇〇五年
文化庁編『国語施策百年史』ぎょうせい、二〇〇六年
小林　隆『方言が明かす日本語の歴史』岩波書店、二〇〇六年
安田　敏明『国語審議会――迷走の60年――』講談社現代新書、二〇〇七年
笹原　宏之『訓読みのはなし――漢字文化圏の中の日本語――』光文社新書、二〇〇八年
今野　真二『振仮名の歴史』集英社新書、二〇〇九年
文字研究会編『新常用漢字表の文字論』勉誠出版、二〇〇九年

あとがき

以前から「文字・文・ことば」というタイトルを温めていた。あふれるような情報の中で、しばしば「文字」に関する記事や動向に眼が向く自分がある。「二〇〇〇年」の声がささやかれるようになった頃、二十世紀から二十一世紀への「移行」を自分なりに整理するとどうなるだろうかとの思いが頭をもち上げてきた。それを、文字を中心に考えてみるとどうなるだろうか、周りをみわたすと、文字に関する事柄が日増しにふえていくように思えた。新聞に、書店の店頭に、そして、ラジオやTVの番組に……。

ちょうどその頃、職場で史学概論の講義を担当、いくつかの柱の一つに文字にかかわるテーマをたてたことがある。そのためもあって、新聞の中から素材になるような記事を探すことが日課となった。切り抜きをしてみると、「文字・文・ことば」をめぐる動きは予想以上に速く、その波及にも目を見張るものがあった。

二十一世紀に入るとTV、とくにクイズ番組などでは漢字をめぐる諸問題が人気を博し、そのまま現在にいたっている。時折、そうした番組にチャンネルをあわせてみるものの、何かしらしっくりしない思いにとらわれることが少なくない。なぜだろう。クイズ問題の多くは、日常ほとんど使われることのないような難解な文字、みたこともないような文字が出されその読みを問う。すると回答者はみごとに読む。周囲は驚き、そして称賛の声を上げる。当の本人の顔は至極満足げにみえる。読めたらそれで良しとして、さらに難度を増した問題が積み重ねられていく。みている私、「うーん、これでよいのかなー」の思いしきり。そしてしばし、いったい漢字にはどのような歴史があるのだろうか、それらがどのような過程を経て今があるのだろうか、などと自問。

そんな状況も手伝って、これまで取り組んできた事柄をまとめてみたのが本書である。タイトルを決めての取り組み開始から随分と時が経ち、何とかかたちになったのが昨年の七月頃であった。それからも、すでに半年以上が過ぎた。この間に、「文字・文・ことば」をめぐる状況はさらに移り変わってしまった。そのため、校正段階で、書き加えたり修正したいとの思いにとらわれることも少なくなかったが、いったん手をつけ出すと、ここも、あそこも……と止めどなくなる。そこで、原稿を手放して以降にキャッチした情報には目をつぶることにした。

ともあれ、これをまとめる過程で強く再確認させられたのは、「文字・文・ことば」の動きは、社会的動向・政治的動向と密接に結びついているということである。双方は、常に不即不離の関係で変化していく。したがって、現代に生きる私たちは、文字のこと一つをとっても、その変化とそのゆえんとの関係に思いをめぐらせてみる必要があるようだ。といっても日々に変化していく諸事象、いつもいつもそんなことを考えている余裕はないかもしれない。だからといってそれをまったく無視したり無関心でいるわけにもいかないだろう。時にはチョット立ち止まり、これはどういう意味か、どのような歴史があるのだろうか、どのようにして今があるのだろうか……そして欲をいえば、今後はこのようにしていったらよいのではないか……といった事柄に思いを馳せてみることも無駄ではなかろう。そのようなことのきっかけにでもなればとの思いで本書を編んだ。

二〇一一年一月三十日

菅野則子

文字《もじ》・文《ぶん》・ことばの近代化《きんだいか》

■著者略歴■

菅野　則子（すがの　のりこ）
1939年　東京都に生まれる。
1962年　東京女子大学文理学部卒業。
1964年　東京都立大学大学院修士課程修了。
一橋大学経済学部助手、帝京大学文学部教授歴任。
博士（史学）。
主要著作
『村と改革――近世村落史・女性史研究――』三省堂、1992年。『江戸時代の孝行者』吉川弘文館、1999年。『官刻孝義録』（校訂）東京堂出版、1999年。『江戸の村医者』新日本出版社、2003年。『備前国孝子伝』（校訂）吉川弘文館、2005年。ほか

2011年3月1日発行

著　者　菅　野　則　子
発行者　山　脇　洋　亮
印　刷　モリモト印刷㈱
製　本　協　栄　製　本　㈱

発行所　東京都千代田区飯田橋 4-4-8 東京中央ビル内　㈱同　成　社
TEL 03-3239-1467　振替 00140-0-20618

ISBN978-4-88621-552-9 C1021